あなたの人生が思い通りになるおばけメンタル

著 おばけ3号

アルファポリス

はじめに

この本を手に取ってくれたあなたは、こんな経験はないだろうか？

・済んだことをいつまでも考えてしまう
・つらいことがあると、すべてのことが手につかない
・何歳になっても自分に自信が持てない
・気持ちをコントロールできない自分に嫌気がさす

だれにでもあること――と、割りきろうとはするものの、そんな心の機微に振り回されることが人間の宿命であり、よくあることなのだと思う。

どうやら人間を作った人（？）はずいぶん適当な設計をしたようで、身体は時間の経過とともに成長するのに、心はずっと幼く、やわらかいまま。

でも、心が必要以上に大人で、かたすぎてもきっと人生はつらいだろう。

きっと大切なのは、怒りや悲しみといった感情を無視し、心を反応させなくするような「大人になりきる」ことではない。

日々の出来事に心が反応していることを理解してあげつつ、それに振り回されないように「大人と子どもの心の使い分け」を身につけることなのだと思う。

この本では、そうしたしなやかな心のあり方を「おばけメンタル」と称して、ネガティブな感情に振り回されない方法を紹介している。


私の名前はおばけ3号。怪しいものではない、本当だ。よく犬に吠えられるが、怪しいものではないと信じている。心は綺麗である、きっと。

普段は、都内でコンサルティング会社に籍を置く会社員として働いている。小難しい仕事のため詳しい説明は省くが、簡単に言うと経営資源（ヒト・モノ・カネ・情報）のお医者さんのようなものだ。実際に免許があるわけではないため無免医かもしれないが、通報はしないでほしい。怪しくない、心は綺麗である（二回目）。

その一方で、ＳＮＳやＷｅｂメディア、そしてこの本のように作家やコラムニストとしても筆を執らせてもらっている。

いつの間にかＳＮＳのフォロワー数は十万人を超え、おかげさまで毎日さまざまな人の生活やお仕事、そしてメンタルの相談に乗る機会に恵まれている。

そうして人の悩みを聞いているうちに、メンタルの悩みを解消する手法やコツがおばけ3号のなかにつくり上げられていき、本書で紹介する内容は、さまざまな人が持っているコツを集約したような精緻《せいち》で実用性のある情報に仕上がった。

私一人でつくったものではない。十万人のコツであり、十万の実績を持つコツなのだ。自信を持ってお届けできると思う。

この本の構成は大きく五章に分かれている。一段一段と階段を上がるように解説していく構成になっているものの、各項目ごとに独立した「お悩み」をテーマとして扱っているため、どこから読んでもらっても大丈夫。　寝起きに呼んでも大丈夫なくらい簡単な内容だ。きっと読もうと思えば一日で読めてしまう人もいるだろう。

もし今、あなたが悩んでいることが目次のなかに見当たるようなら、そこから読んでみてほしい。きっとすぐに、あなたの助けになるはずだ。

第一章「メンタルの仕組みを理解する」では、基礎的な心の仕組みを解説している。仕組みを知れば、メンタルに振り回されることなく、ちょうどよい距離を保てるようになる。身体の仕組みは学校で習うが、意外と精神、つまりメンタルの仕組みは習わない。ちょっと遅めの教科書としてぜひ読んでほしい。

ついで第二章「メンタルを安定させる」では、不安定なメンタルをコントロールするための、もっとも効果的な方法を書いている。お悩みのうちのほとんどはこれが占めるのではないだろうか？　だれにでも、そして今すぐにできちゃう方法をお届けする。

第三章「メンタルを癒やす」は、心の休ませ方について。忙しい人ほどおろそかにしがちなため、そんな人はまっ先に目を通してもらいたい。心を亡くす、と書いて多忙。漢字ってよくできていると思う……（遠い目）。

第四章「メンタルを燃やす」では、やる気の出しかたについて書いている。これを知っておけば、ダイエットも勉強も、頑張れるようになるだろう。

最後の、第五章「メンタルを見極める」では、甘い物を食べるとイライラが収まるわけなどの身近な話題から、メンタルコントロールの達人になる方法をまとめている。ここまで読んだら、まさにあなたも「おばけメンタル」！

では、あなたの人生をあなたの思い通りにするために、ページをめくっていこう！

仕事で
ミスをしても
しょぼん…
恋人に
ふられても
さよなら
シクシク…
ネットで
嫌なことを
言われても
ガーーン
おばけ
かわいくない
おばけきらい!
実は、全然
へこたれない
これが
おばけメンタル
なのだ

目次

第3章 メンタルを癒やす

第4章 メンタルを燃やす

第5章 メンタルを見極める

第1章

メンタルの仕組みを理解する

1 メンタルは不安定でいいと自覚する

メンタルは浮き沈みするのが正常

私のＳＮＳのＤＭにはさまざまな相談が舞いこむ。

それはもう舞いこむ。すごい量来る。たとえるなら春先の花粉ぐらい来る。スギ、ヒノキ、ＤＭである。

そのなかでも、もっとも根源的で終わりのない悩み相談のトップは、**「メンタルが安定しなくて困っている」**に尽きるだろう。

まずはこのお悩みを解決していこう。

多くの場合、次のようなものだ。

「メンタルの上がり下がりがある自分が嫌になる」
「大人なのに、こんなに情緒不安定でいいのだろうか」
「女性ならともかく、男である自分がこんなにメンタルが上下するなんて恥ずかしい」

この本を読んでいる皆さんも、同じような経験をしたり、同じような気持ちになったりしたことがあるのではないだろうか。

とてもよくわかる。

何を隠そう、ＳＮＳ界の「ＫＩＮＧ《キング》 ｏｆ《オブ》 鋼鉄メンタル」の私も、そう思うことがあった。

いや、いまもある。月一ぐらいである。よくわからないコールセンターからかかってくる謎の勧誘電話くらいの頻度である。

しかし安心してほしい。

ある医療機関の調査によると、人間とは年齢に関係なく、つねに情緒不安定な時期が続く生き物であると報告されているそうだ。

つまり、老若男女の違い、個人のメンタルの強弱を問わず、**だれにでもメンタルの浮き沈み問題は起こっている**のである。

なぜメンタルはコントロールできないのか

例で考えてみよう。

たとえばある日、皆さんがとても楽しい飲み会や遊びの場に行ったとする。

盛り上がってテンションも高くなり、その日はいい気分で眠りについた。

だが、次の日朝起きるとどうだろう？

昨日は楽しかったが、昨日のパーティーのテンションが持続している人はそういないだろう。

これはハイテンションなよい気分の例だが、逆のローテンションな悪い気分のときも、じつは同様だったりする。

そう。人間は、タイミングや環境を踏まえて、自分のテンションやメンタルをコントロールしている生き物なのだ。

しかも自動で。

この自動で、というところが便利な一方で、やっかいだと知っている人は少ない。

もっと言えば、「メンタルを自分の意思でコントロールできる」ではなく、「**自分の意思ではコントロールできない**」のだ。

つまり、コントロールできないことに対して、「なぜコントロールできないんだ！」と悲嘆に暮れるのは間違いで、そもそも自分でコントロールできる機能自体がついていないと考えるべきなのだ。

自分の意思でコントロールできないことなのだから、「あ。いまメンタルが『自動コントロール』されているんだな」と認識することが大事なのである。

制御不可のメンタルをなんとかする方法

結局のところ、メンタルは自分でコントロールできない不安定なものだ。

なので、不安定なものであると早く認めて、付き合い方を変えたほうがいい。

そこで私から、そんな制御不可のメンタルとの付き合い方や心構えにあたる、「お薬」を処方しよう。保険証ある？

【お薬その①】自分を遠くから冷めた目でミツメール

一つめは、「自分を遠くから冷めた目でミツメール」だ。

お薬と言っても何か飲んだり塗ったりするわけではない。お薬的行動を指している。

仮にいま、かなり怒りっぽいメンタルになってしまい、自分の感情をうまくコントロールできていないと、自分でも認識したとする。

そこで、このお薬の出番である。

名前の通り、**メチャメチャ冷めた目で、遠くから自分を第三者的に見つめる**のである。

収まらない怒りを覚えているという自分自身を認識し、「あ、今日はメンタルコントロールできない日ね。ＯＫ、ＯＫ。りょうかーい」と、ほぼ投げやりとも思える態度で、冷めた感じで、自分を遠くから見つめるのだ。

このお薬のよい点は、「自分のメンタル」と「それを観察する自我」を切り離せる、という点だ。暴れ回るメンタルを、冷静な自我で、慈愛に満ちた親のように微笑ましく見つめてあげるのである。

暴れ回る我が子《メンタル》に対して親のやるべきことは、次のとおりだ。

我が子《メンタル》が他人にやつあたりする前に、我が子《メンタル》を抱きかかえダッシュ。そして一人になれる環境（自宅や休憩所）などに連れていってあげ、暴れる我が子《メンタル》が落ち着くのをやんわりと待つ。

先ほど説明したように、メンタルというのは「自動コントロール」が機能するのをひたすらに待つしかない。

一般的に「アンガーマネジメント」と言われる、怒りをコントロールする方法もこれと一緒だ。

大事なのは、メンタルと自我を切り離すことなのである。

【お薬その②】スーパー解脱《げだつ》ジェネリック
二つめのお薬は、名前のごとく、解脱するんじゃないかというぐらい精神を解き放つ離れ技である。
これは私も週二で使っている、仏教の開祖・釈迦《しゃか》を真似して編み出したジェネリック仏教医薬品である。
これのやり方は次のとおり。

空を見上げて「空は……青いなあ……とても」。

海を見て「海は……広いなあ……本当に」。

マッチョを見て「筋肉でかいなあ……ムダに」。

など、**「すべてを悟り解脱する釈迦モード」に切り替え、達観してから、自分のメンタルに向き合うようにする**のだ。

このモードに入ると、自分のすさんだメンタルを目の前にしても、すべてを悟った釈迦のような、やわらかかつ温かい気持ちで「自動コントロール」を待つことができるのである。

メンタルの不安定さを受け入れる

相談者の一人である、ある三十代の主婦は、家事に育児に忙殺されており、仕事から帰宅した旦那さんに対して、荒れたメンタルでゴジラのように大暴れしていたそうだ。

そこで、私から処方されたお薬「自分を遠くから冷めた目でミツメール」「スーパー解脱ジェネリック」を実践してみた。

するとどういうことだろう。

次の日から、あれだけツラく感じた子どものワガママを、「ああ……今日もワガママ言っているなあ……。我が息子は……順調」と、謎の広大な精神で受け止めた自分が、逆に面白くなったとのことだった。その後も、自分の不定期なメンタルの浮き沈みに遭遇しても、「人間感じるわぁ……。私、人間だなあ。人間やってるわあ」といった解脱っぷりで、自分のメンタルに向き合えているそうだ。

ここまで来ればもう怖くない。

すでに浮き沈みする自分のメンタルを受け止め、むしろ肯定的に見られているのだから。

メンタルに浮き沈みがあることは人間として当然なので、決して恥ずべきことではない。

それをむやみに抑えようとした結果、疲れてしまうことのほうが多い。

メンタルは不安定であることが正常だと認めよう。

メンタルの不安定さを尊重してあげるほうがよっぽど建設的で、人間らしく、賢く、おすすめなのである。

2

幸せを感じられないのには理由がある

「幸せとは何か」がわからない

幸せの感じ方というのは相対的だ。

恋人から花をプレゼントされて幸せだと感じたとしても、メンタルの状態が悪いときは同じように花を渡されても幸せを感じられない。それどころか、イラッとしてしまうこともあるだろう。

このように、**メンタルの状態は幸せの感じ方を左右する**。

つねにメンタルが安定していれば、きっと世の中の無用な争いも消えるだろう。

恋人同士のけんか、夫婦の言い争い、同僚とのいさかい、お局《つぼね》論争、上司のやつあたり、世界の戦争……。

そうした争いのほとんどは、思想や大義に由来するのではなく、当事者の虫の居所、つまりメンタルを原因としているのではないだろうか。

これを止められるなら、私は平和のために身を捧げようかと思う。もはやマザー・テレサもびっくりの慈愛の精神、現代のナイチンゲールである。

それはさておき、最近こうした、幸せの感じ方について相談を受ける。

「幸せがわからない」「幸せを感じられない」といったDMをいただく機会が増えたのだ。

二十代〜三十代の若い人が多い傾向にある。彼らの言い分は、

「幸せなんだが、満たされてない気がする」

「自分のいまの幸せには、何かが足りないのではないか」

「同じことをしても、毎回同様の幸せを感じない。飽きているわけではないのだが、なぜかわからない」

などである。

これを聞いて私の頭に浮かぶのは、「おお！　若いね！　イイね！」みたいなオジサンとしての感想ではなく、「幸せを阻害する不安・欲求を無視して、幸せを求めてしまっている」という違和感である。

つまり、不安になってしまうメンタルの仕組みを知らず、間違った幸せを求めている

と感じるのである。

不安と欲求の構造

世に言う「幸せ」というものは、森羅万象すべてを癒す魔法として語られることが多い。


「幸せとは、有名になって大金を手に入れることだ！」

「幸せとは、イケメンと結婚することだ！」

「幸せとは、健康で長生きすることだ！」


意識せずとも、そんなふうに断言してくれる言葉に出会うだろう。

だが、「その幸せを受け止める準備はできているか?」「その幸せはいまの自分に対して有効か?」などの深掘りした論点にまでは答えをくれない。

いまの若者たちが悩むこの状況は、チープで簡単な答えが跋扈《ばっこ》する情報社会の弊害かもしれない。

ちなみに、私はこの悩みにあたって苦しんでいる人々を、「幸せ迷子」「幸せゾンビ」「幸せを知らないニーチェ」などと呼んでいる。ごめんニーチェ。

しかし、落ち着いて考えてみると、**彼らは幸せなのだ。なのに、なぜか空虚。そして、不幸せだと感じている**ようだ。

一見矛盾しているようだが、彼らがそう感じてしまうのには理由がある。それを説明するため、次のページに「マズローの欲求五段階説」の図を用意した。

マズローの欲求五段階説

この図は、アメリカの心理学者、アブラハム・マズローが考案したものである。

マズローの欲求五段階説によれば、人間の欲求には「生理的欲求」「安全の欲求」「社会的欲求」「承認欲求」「自己実現の欲求」の五段階がある。

生理的欲求とは、マズローの五段階説のなかで最下層（第一段階）の欲求だ。

この階層は、食事や睡眠のような人間が生きていくための本能的な欲求を示した階層

マズローの欲求五段階説

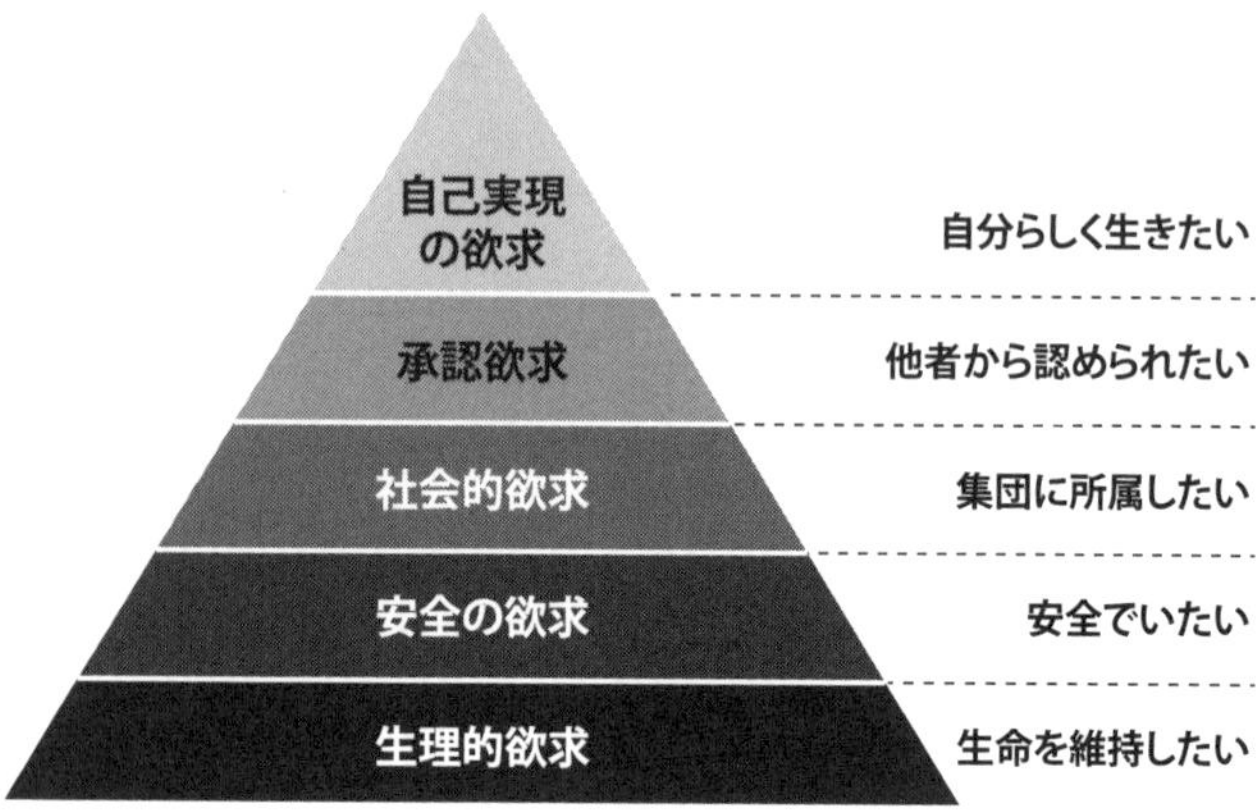

だが、この欲求を満たしたとしても、人間としては最低限の生命が維持できる程度の幸福であり、なんら幸せではないだろう。

次に、安全の欲求。

これは、身の危険を感じるような状況から脱したいという欲求。心身ともに健康、かつ経済的にも安定した環境で、安心して暮らしたいという、人間としてまだまだ当然の域を超えない欲求を指す。

三段階目は、社会的欲求。

集団に所属し、他者からの友情や愛情を得たいという欲求である。

四段階目は、承認欲求。ここからはかなり現代的だ。

他者や社会に対して「所属している集団のなかで認められたい」「他者から尊敬されたい」と考えるようになる。

文字にすると下世話だが、安全が確保されたうえで他者とのかかわりが容易になった現代では、最も身近に感じる欲求かもしれない。

最後に、自己実現の欲求。

自分の人生観・価値観などに基づいて「自分らしく生きていきたい」と願う欲求。

これは言わずもがな、現代でも実現できている人は少ない、高貴かつ、実現が難しい欲求。

これら五つの欲求はピラミッド構造になっており、下の階層の欲求が満たされることによって、一つ上の段階の欲求を持つようになる。

確かに、三日三晩一度も食事できていない状況で、「あ〜〜〜だれかに尊敬されてぇな〜」などと俗っぽいことは思わない。まずは飯である。この場合、一段階目の生理的欲求が満たされていないのにもかかわらず、四段階目の承認欲求は先立ってこない。

また、極寒の雪山で野犬に囲まれている緊急事態を目の前にして、隣の恋人から「愛してる」とささやかれても「いや！　あとにしろや!!」以外の返答はないだろう。このパターンでは、二段階目の「安全の欲求」が満たされていない状況で、三段階目の愛情のことは考えられないのである。

つまり、この図における、**下の欲求からしか満たせないのだ。同時に、下の不安を差し置いて、上の欲求を満たしても人は幸せにならない。**

では、「幸せがわからない」のお悩みに戻ってみる。

じつは、それぞれのお悩みの内容をよくよく聞いてみると、大体の人が、マズローの欲求五段階説において、下の段階を満たしていないことがわかる。

「じつは私、ＳＮＳではメチャクチャ人気者なんですが、借金一千万あるんですよね……」

「私、人に褒められたくて美容に精を出していて、二日間絶食しています」

こんなふうに「あなたが満たすべき欲求は、そこからじゃないだろ！」現象が起きているのだ。

いま私の幸せは、何を満たしてないのか

ここでおすすめしたいのが、**満たされなさを感じたその瞬間に、マズローの欲求五段階説に照らし合わせる**ことである。

たとえば、仲間と楽しい飲み会を自宅で開いていたとしよう。
楽しいが何か満たされない。なぜだ……？
そこで、「いま何が満たされていないの？」と自分に問いかけてほしい。マズローの図を取り出し、自分をチェックするのだ。

「いまは……生理的欲求はヨシ！　安全の欲求もヨシ！　……社会的欲求もいま満たしている。つまり、いまの私は次の承認欲求を満たせてないんだ……なるほど」

の流れである。もしくは、

「いまは……生理的欲求はヨシ！　安全の欲求もヨ……ん？　……いや寒いな。寒いからだ。楽しいけど、寒いから安全じゃないって感じているんだ！　ねえちょっとエアコンの温度上げていい？」

といった具合に、自身の何が満たされていないのかを調べることができる。

そして、調べた先の欲求を満たす行動をとることで、幸せを下から満たすことができるのだ。

「幸せなはずなのに漠然とした不満があり、しかしそれがなんなのかわからない」人は、このステップを踏むことで、自分が何に不満を持っているのか、自分が感じている不安を解消するにはどうすればいいのかが可視化されるだろう。

そうして可視化された解決策を実行することで、いまより幸せを感じられるはずだ。

このように、マズローの欲求五段階説を使って、日々の自分の幸せをチェックする癖をつけよう。下の欲求が満たされていないだけで、いまの幸せが謳歌《おうか》できないのはもったいない。

自身のいまの幸せに疑問を抱く人や、幸せを最大限楽しめていない人は多い。

ここで大事なのは、幸せじゃないから不幸なのではなく、**下の欲求が埋まっていない、ただそれだけで幸せを感じられていないだけ**なのだ。

どこの欲求が埋まっていないのか、それがわかれば対処ができる。対処ができるから欲求が埋まる。欲求を埋めることができれば幸せを確かに感じる。

自身の幸せを日々チェックし、メンタルの構造を理解して過ごす。これがおすすめの、幸せ最大化の手段なのだ。

3 メンタルは「悩む」とすり減る

人生悩みすぎ問題

人間という生き物は、迷う。本当に迷う。道に、夢に、選択肢に。

見渡せば、世の中迷子だらけだ。

かく言う私も、その迷子の一人にほかならない。人生の迷子センターがあったらファストパス取ってでも行きたいくらいだ。

日々すべてに迷っている方々に向け、迷子センター常連代表として、「人生悩みすぎ問題」を解決していきたい。

自分も迷子だ!!　と堂々と宣言した国民的迷子代表の私だが、じつは迷子であることは恥ずかしく思っていない。

なぜかと言うと、私は次のように考えているからだ。

まず**「何かしらで悩んでいる」ということはどういった状態か？　「決めていない」という状態。まさに、ズバリこれである。**

実際に「悩む」という活動は、「決める」に至るまで思考し、自分に問いかけ、決断の責任を負うという一連の過程を体験する、人生において有益かつ価値のある活動だ。

なので、「決める」ことも「悩む」ことも私は否定しない。胸を張っていい。悩んでいる皆さん、悩みは必要だ！

では、何が問題なのか？

そう、それは**「悩む」とメンタルがすり減る。**これだ。

嫌な想像しちゃう問題

たとえば、次のような状況になったとしよう。

職場で仲のいい同僚と、雑談ついでに業務の効率化について話していた。

同僚は「業務Ａのマニュアルは、ステップが煩雑すぎてミスが起きやすいように思う。いっそシンプルにして、わかりやすいフローにしたほうがいいんじゃないか」と言ってきた。

自分は、業務Ａは時間や手間がかかるわりに、事務的手続きの域を出ず、売り上げにも直結しないため、外注したほうがよいのではと前々から思っていた。

自分は業務Aに長い間ストレスを感じており、同僚相手だったこともあって、ぐちを言うノリで「外注すべきだ」と強めの言葉でまくし立てた。

するとと、同僚は徐々に不満げな表情になり「じゃあ上司にそう言えば」と言い残して立ち去ってしまった。


よくある精神的にコタえる状況だ。

気心の知れた相手だったし、たまっていた不満をつい勢いで言ってしまったけど、否定された気分にさせてしまった？　それとも、「私に言わないでよ」と思われた？　でもぐちのつもりだったし、軽い気持ちで聞いてくれてもよくない？　だけど、せっかく仲のよかった同僚なのに、これから気まずくなるのは嫌だ！　でももう言ってしまったし、いまさらどうしたらいいんだろう。

……といった悩みでメンタルはすり減っていくだろう。

これを読んでいるあなたも、上司や恋人、家族や友人と別のケースで似たような経験はないだろうか。

ちなみに私は、このようなコミュニケーションのすれ違いを元としてメンタルがすり減った経験が、たぶん百回ぐらいある。そろそろ百回記念パーティーとか、やってやろうかとすら思う。帝国ホテルとか借りて、ＢＧＭでオーケストラ雇って、今日の主役としてゴンドラで登場したい。

国民的迷子代表！　ここにあり!!　だ。

話は逸れたが、この状況は悩んでも答えが出ないことは間違いない。

そもそも、人は答えが出ることにはさほど悩まない。**答えが出ない悩みは、必ず二つ。「過去への後悔」と「未来への不安」、それだけだ。**

今回は、キツいことを言ってしまったという「過去への後悔」であり、今後気まずくなるかもしれないという「未来への不安」に該当する。

だが、ここで落ち着いて考えてほしい。今回の件、答えが出ない「過去への後悔」「未来への不安」はさておき、答えが出せることもあるはずだ。その部分だけ考え、決めてしまえば、悩む必要はなくなるだろう。

とどのつまり、メンタルがすり減る悩む時間をいかに減らすか？　を考えるのであれば、**「いかに早く決めるか」が大事**なのである。

ムダに悩まないで、やることを決める

先ほどの例を整理して考えてみよう。

まず、悩みの種は同僚のリアクションが予想外に冷たかったこと、そしてそれに加えて、自身と同僚との関係性の悪化の可能性である。

ここでよく人々がやってしまう悩み方は次の通り。

① 自分の言い方が悪かっただろうか
② では、どういうふうに伝えればよかったのか
③ うーん、自分は間違ったことは言ってないと思うんだけど……
④ それに半分ぐちのつもりで言ったことなのに……
⑤ 明日同僚と顔合わせるの気まずい……

多すぎる。重すぎる。しかし、わかる。そう思ってしまうだろう。人間だし。人間は不便だ。マジで。

でも、「過去への後悔」「未来への不安」に該当するこれらは何度も言うように、**抱えるだけムダだ。むしろあなたのメンタルをひたすら削り続ける。**諸悪の根源ここに有り。

とにかく、これらを時間無制限に考えるのは得策ではない。だからこそ、「決める」のだ。たとえば次のように。

①　明日同僚と話す
②　業務の廃止の件、強い言葉で言ってしまったがそれは同僚を否定するつもりだったわけではなく、前々からの不満と職場のためを思った気持ちからであったことを伝える
③　ただ、それについて同僚のリアクションがイマイチだったことが気がかりで、自分も不安になっており、真意を聞きたい旨を伝える

恐ろしくシンプルである。ここまでしっかり決めると、明日の出勤ももはやスッキリした状態で臨める。

では、決めた内容に対して、悩むところやメンタルがすり減るポイントがあるだろ

うか。

ないはずだ。

なぜなら、もうこの三つで動くと決めちゃったから。

決めたことを悩もうとしても、「いや、でもこれ決めちゃったしな……」と思うと悩む隙がない。

このように、ものごとを決めることは、自分のメンタルがすり減る時間を飛躍的に減らすことができる。

また、別にここまで細かく決めなくてもいい。

この件については**「私は悩まない」という選択肢を選ぶだけでもいい**のだ。

そうすると、悩もうとしても「あ、そういや悩まないってことにしたわ」とあっけらかんとできるのである。どうせ悩んでもどうにもできないことなので、このくらい開き直ってしまっていいのだ。

決めちゃった以上、悩む余地がなくなる。選んでしまった以上、それ以上悩む意味がなくなるのだ。

めっちゃ早く決める

ここでおすすめしたいのが、秒で決めること。

これは、それ以降のメンタルがすり減る時間を消し去ることを意味している。

しかし、悩むこと自体は冒頭で書いたように人間として必須の要素だ。人間として価値ある時間でもある。何も情報を得ず、何も考えず決めることは、悩みも消し去るが自分が得るはずだった価値をも消し去るだろう。

そして、もし今後、自分の精神をすり減らしそうな事象に相対したとき、こう思ってほしい。

「ムダに悩まない。必ず、決める」

その志向性こそが、あなたのメンタルを健全に保ち、すり減る時間を最小化してくれることだろう。

悩む時間より、決める時間のほうが尊い。それだけの話なのだ。

第 2 章

メンタルを安定させる

4 長い目で見ると、たいしたことない？

卵かけごはんのトラウマ

突然だが、皆さんはいままでの人生でどのくらいの量の卵をムダにしたことがあるだろうか。

大変恐縮ながら、現在私は生意気にもさまざまなお仕事を多方面より頂戴しており、目下の食事に困るほどの生活ではない。しかしまあ、セレブ芸能人のように毎日キャビアとフォアグラと金箔に囲まれた食卓でもない。いわゆる、日に三食は食べられる、そんな状態である。

だが、ここまでの道のりはけわしかった。

大学を卒業した私には毎月四万円という、奨学金返済がズシンとのしかかった。

当時の大卒初任給の額面は二十二万円だったので、税金を引き、家賃を引き、水道光熱費を引き、スマホ代を引き……とすると、どのくらいのお金が残るだろうか。

答えは、毎月食費とお小遣いでわずか三万円である。

三万円と聞くと「お、意外とあるじゃん」と思うかもしれないが、当時の私はとある会社の営業職であった。ここからふだんの立替交通費（飛行機代なんかあったら一発で大ダメージ）も捻出しながら飲み会もこなすといった状況で、セレブ生活どころか、つねに食卓のBGMが『ミッション：インポッシブル』のテーマという有り様だった。つねにトム・クルーズと火の車がデッドヒートである。飛行機代が発生する際は無賃搭乗を計画しそうな勢いで貧乏であった。だれよりもミッション：インポッシブルな状況と隣り合わせの新社会人であった。

そんな私の食卓は当然お世辞にも充実していたとは言えず、卵かけごはんが主な夕食であった。

一般的には朝食にされることが多い卵かけごはんだが、我が食卓では立派なメインディッシュ。もしメニュー表があったら堂々と「TKG（卵かけごはんの略）～BIMBO《ビンボー》風～」と記載してやったと思う。

そんな卵かけごはんに、ある日飽きが来た。なんて残酷なんだ。もはや自身のライフラインであり、ライフスタイルまでも侵食しつつある相棒、卵かけごはん。それに飽きが来るだと？

私はこのいまいましき状況を打破するため、なけなしの卵ラスト一個をごはんにかけ、味の素をふりかけ、電子レンジのスイッチを押した。チャーハン的な何かになって味が変わるかもしれない。

当時の私には、まったく料理の経験がなかった。卵をレンジでチンしたらどのようなことになるかなど想像もしていない。

「もう少しでメインディッシュ（夕食）だ……！」

私の期待を一手に引き受けた卵かけごはんは、レンジのなかで、そして私の目の前で案の定爆散した。

「たっ……！　たまごオオォォーーー!!」

いまでも忘れない。マンションの隣の部屋から壁ドンされるほどに絶叫した。

驚き、震え、ひもじく、私はその晩、電子レンジを抱えながらおいおいと泣いた。ああ、ミッション：インポッシブル。任務失敗。

話は長くなったが、私には、卵を一個ムダにした経験がある。この経験を身の回りの人々に話すと、単純に笑ってもらえたりアホさ加減に苦笑されたりするのだが、当時の私にとっては計り知れないダメージを与えられた出来事であった。

去年の悩みは覚えてない

卵の話はさておき、この項の本題である。

皆さんからいただく相談でなかなか多いのは、目の前の心配事や危機への恐怖と絶望へのメンタルの持ちようを、どうすればいいのか、というテーマだ。

「目下、最悪の事態なんです」「こんなこと人生初だ……！」「最悪だ。終わった」「これはもう取り返しがつかない」など、さまざまな阿鼻叫喚の相談をいただくが、ここで一つ落ち着いて考えてみてほしい。

あなたは去年の今日、何で悩んでいただろうか？

なんとなーー……く、去年は何かが大変だった気がする？

もっと具体的に教えてほしい。どんな感じでピンチだったのだろうか？

たぶん、○○の納期が……恋人との仲が……なんかうまくいっていなかった。皆さん、こんな感じではないだろうか。

あんまり覚えていない、そんな人が多いと思う。

去年、その問題に遭遇していたときの自分は、それらがあまりに強大、凶悪に見えたと思う。

しかし、時が流れると「あ、そんなこともありましたね……つらかったなあ……」と少し遠い目で思い出せるくらいになる。

これは、いまの自分がその問題から離れたからである。

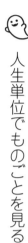

人生単位でものごとを見る

もし、その俯瞰《ふかん》した遠い目で、目の前にある問題を見ることができたら、慌てない、怒らない、不安にもならない、せいぜい「めんど……」くらいの感情で淡々と処理できるだろう。

目の前にある問題は、目の前にないとあまり怖くないのだ。

ここでもう一つ、例を出そう。

いま皆さんが財布から千円を落としたとする。ちょっとしたランチが食べられる程度の金額なので、いら立つこともあるだろうが考えてほしい。

一説によると、日本人の生涯年収は約二億三千万円らしい。今回落とした金額は、その0・000435%である。かなり小数点以下。たいしたことはない。

次からちょっとしたランチを食べるときにも罪悪感が発生したらこう唱えよう、「サヨウナラ。私の0・000435%……」。周りから見たら「なんでこいつそんな小さなこと気にしてんだ……」である。

そう、小さなことなのである。

時間も、お金も、そしてそこに費やす感情さえも。

それはそうである、なぜなら「いや、そんなことよりほかに大変なことあるしな……」の心境である。そんなのにいちいち構ってられない。


なので、私は何かトラブルに見舞われた際はつねに「おーおー。今年はコレですか……。毎年の風物詩ですね（微笑）」くらいの受け流しっぷりである。

こんな感じでものごとに動じないオバちゃんが、どこの親戚にも一人はいるだろう。あんな感じだ。

このように、じつは**メンタルを削られる出来事の大半は、短い期間だと大規**

模様なダメージが予想されるものの、長い目で見ればたいしたことない、というのがほとんどなのだ。

 トラブルが起きても、図太《ずぶと》く、高く、広く構えよう

皆さんにぜひ実践してもらいたいのは、問題やリスク、ピンチに相対したときに、次のように考えることだ。

これ、私の人生単位で見るとどのくらい大事なのかな
これ、会社や事業単位で見ると、そのくらい大事な作業なのかな
これ、全体のどこらへんかな
これ、全体から見てそんな大事かな

前半二つは自分へのプレッシャーや万が一のダメージを減らすことにつながる。
後半二つは、そもそもの全体感の理解や重要性の把握につながる。
このように俯瞰でものごとに向き合い「まあ確かにダメージあるけど、人生にはさほ

ど影響ないな？」という程度に、大きく図太く構えると目の前の出来事が矮小化《わいしょうか》される。要は、**目線を高くすることは目の前のダメージを小さくでき、メンタルを安定させることにつながる**のだ。

あのとき泣くほど惜しかった卵、それも人生単位や俯瞰目線からしたら、たかが卵。どうか今後、あなたの身に何かトラブルが起きても、図太く、高く、広く構えてみてほしい。それはきっと、あなたを焦りと絶望から解放する、最初の一手になるのだから。

5

多角的にものごとを見る

浅草のレトロ喫茶での出来事

都内の喫茶店で、アイスコーヒー片手に休憩をとっていた最中のことだ。

私の隣のテーブルに、老齢の夫婦が座っていた。静かだが、少しだけヒステリックに、奥さんが旦那さんを責め立てていた。

「どうするんです。この出費」

「……」

旦那さんはうつむいている。奥さんが続ける。

「信じられません。こんなことで財産を失うなんて……」

奥さんは半ば呆れ気味に、椅子に力なく寄りかかり、辟易とした表情で旦那さんをなじった。

旦那さんはチカラなく、「申し訳ない……」とだけ、まるで虫の鳴き声のように発して、また地上一メートル程度の虚空を、うつむき眺めている。

もしかしたら何かよからぬ詐欺や、トラブルに巻きこまれたのかもしれない。

当事者でも関係者でもない、周辺のテーブルに座る別の客たちが、目と耳を背けるように手元のアイスコーヒーを一斉に口に運び始めた。

一呼吸程度の時間を置き、奥さんが吐き捨てた。

「いくら孫がアイドルになったからって、孫の握手会に百万使う人、初めて見ましたよ」

私を含む夫婦の周辺のテーブルすべての客が、アイスコーヒーを噴き出した。

全員口元を拭えど、拭えない奥さんのコメントの謎。圧倒的な情報量と破滅的な意味の不明さである。

なんだこのインパクトは。

説明されてもいないが、仮に説明されても理解できる気がしない。学生時代の苦手科目であってもここまでの強い疑問はなかった。試験に出てきてもきっと解けない。

旦那さんは続けた。

「いや、孫と推しが一緒というのも、ある意味では幸せかと思って……」

「推した相手は間違ってませんよ。でも握手会なら個人的にやってください、孫なんですから。会いに行けば握手くらいしてくれるでしょう」

旦那さんに勝ち目はない。小さく頷き、反省の色がうかがえる。

愛ゆえに飛び出た百万円、孫に伝われ百万円、間違ってるぞ百万円。

しかし、どんな思考回路なんだ旦那さん。年齢のわりに「推し」だなんて現代的な言葉を使いこなし、かつ愛ゆえの握手会課金百万円。重い、重すぎるわ。胃にもたれる愛の重さである。

奥さんが背筋を伸ばしながら、小さく発した。

「次からは、勝手に使わないで。しっかりいろいろな目線で考えてあげてください」

浅草にある小さなレトロ喫茶での、奇怪で愉快な出来事だった。

これは極端な例かもしれないが、面倒なことに、選択肢を選べるときに限って人間は間違える。

世の中には、独善的な考えや独走の勢いで、選択ミスや過ちを犯す人がいる。哀しいかな、私もあなたもきっとその一人だ。

しかし、そもそもおかしい。

この旦那さんのように、初めは「これは正しい！」と思ったのに、なぜいつの間にか間違っているのか。

最速で最善で最高の答えを出しても、間違っていることは多い。

さらに、選択の余地が少ないときに限って、間違った選択肢を選んでしまうケースもある。

そんななかで、どうすれば正解に至る確率が少しでも上がるのか？　それをテーマとして取り上げたいと思う。

決断には抜け漏れがある

私はふだん、都内のコンサルティング会社に勤めているが、入社当時、先輩から「何かしらの決断を迫られた際に、つねに理由をつける癖をつけろ」と教わった。

それは「コンサルティングサービスの提供において、顧客に提案の根拠を説明できるようにするべき」という考え方に基づくもので、まあ面倒なコンサルティングサービスの進め方の基礎手法である。

一方で、見方を変えるとこれは「必ず自身の決断に疑いの余地を持て」という意味もはらんだ、人生単位でも役立つライフハックでもあったのだ。

なぜかと言うと、自身の決断が本当に正しいかどうか、多角的な視点で見つめると、視野が広がるだけでなく決断の根拠も補強できるからだ。

人というものは都合のいい生き物で、自分の決断に対して根拠や意味をつけるのは得意だ。しかし、無意識のうちにそれ以外の選択肢を考えないようにする仕様も備えている。

直感による判断に従うと言えば聞こえはいいが、十分に吟味されていない決断をしやすい生き物とも言える。

吟味されていない決断は、抜け漏れをはらむ確率が高く、結果として決断の不確実性が増す。

それが最終的に選択ミスや大きな損失につながっていくのだ。

しかし、これを回避できるとしたら？ **自分の決断を少し疑うだけで、ミスや損失を撲滅できる**としたら、どうだろうか。

ＱＣＤを活用してみる

たとえば、今日食べる夕飯を決めるとする。

まず冷蔵庫には何もない、無である。もはや空気を冷やしている状況だとする。その状況で、今日の夕飯を決めたい。

まず最初に、自分が食べたいものを考える。

カレー。

そう、カレーだ。なんとなくだがカレーが食べたい。たまにこんなときがある。月一でカレーを食べたくなるとき。ではカレーにしよう！　……と思った際に、ここで自分を疑う。

このときに最もおすすめしたい方法は、「フレームワークを使って自分の結論を多角的に見る」ことである。

フレームワークとは、意思決定や問題解決をするときに活用できる枠組みのこと。そして多角的というのは、「さまざまな目線で見てみる」ということだ。

古くから伝わるフレームワークに、「ＱＣＤ」というものがある。

世の中にある多角的にものを見るためのフレームワークのなかで、最もお手軽に使えて、最も覚えやすいことで有名だ。

ＱＣＤとはそれぞれ、
Quality《クオリティー》　品質

Cost《コスト》　費用
Delivery《デリバリー》　完成までに要する時間や継続性

この三つの頭文字である。

このフレームワークにカレーを当てはめて見てみる。

まずはQuality（品質）。カレーは美味しい。さらに栄養もある。見た目も魅力的だ。

なんの問題もない。さすがはカレーである。

次に、Cost（費用）。冷蔵庫に何もないのにカレーを作るだと……!?　野菜とルー買って肉も買う……!?　たった一食のために!?　若干の問題を感じる。いくらカレーが大量に生産できて、日持ちすると言っても食べたいのは今日だけなのだ。同時に、その月一の欲求にこの材料コストは高いように感じる。

最後に、Delivery（完成までに要する時間や継続性）。いますぐにでもカレーが食べたいのに、これから野菜を買ってきて切って肉を炒めて……煮込んで……何時間かかるねん。ピザの宅配なら三往復はできそうだ。そんなスピード感でいまの私を満足させられるのか？　否。無理だ。というか面倒くさい。

この三つの結論を分けると次のようになる。

賛成……一票（Quality）
反対……二票（Cost、Delivery）

以上により却下。カレーは却下。といった具合だ。


冒頭の老夫婦の話もそうである。

Qualityの面では、百万をかけた握手会になるので孫は喜ぶだろう（握手会の運営はもっと喜ぶだろう）。

しかし、Costの面では結論は明らかだ。仮に九十九万でも変わらないだろう。明らかにコスト過多と言わざるを得ない。

同時にDelivery、この場合は継続性。

毎回の握手会に百万円は、ほぼ狂気だ。アラブの石油王でもそこまでやるか微妙なラインだ。実際、湯水のように百万円を出せる家庭なら問題ないが、奥さんから怒られている。さすがに百万円は継続性がない証拠だろう。

こちらの結果は、こうだ。

賛成……一票（Quality）
反対……二票（Cost、Delivery）

またもや反対多数。百万はやめておけ旦那さん、孫は可愛いだろうけど。推したくなるのもわかるけど。

このように、毎回自分の決断や結論を疑い、必ず多角的に評価して判断することで、人間はミスや損失を回避できる。

何かの決断を迫られた際に、必ず多角的に評価してから判断すること。

それは、あなたの決断に説明や根拠を求められた際に、あなたの冷静さと、判断の妥当性に十分な説得力を持たせてくれるだろう。

6

「どうでもいいこと」で傷つかない

いろんなことで傷ついてしまう

世の中には、どうしようもできないことが多い。本当に多い。地方の靴屋の閉店セールとか、売れてない中華屋のメニューぐらい多い。

そして残念ながら人間は、そのどうしようもないことで傷つくことがある。

おもに、感受性が高く責任感があり、真面目で誠実、イケメンでモテモテな人が傷つく。

そう、私である（?）。

冗談はさておき、社会で生きる人は、どうしても生じる利害や人間関係のゆがみによって、まったく罪のない自身のメンタルにダメージを負うことがある。

そのつど、人は思う。

「なぜ私はこんなにダメなのだろうか」
「また同じことが起きたらどうしよう」
「私なんて……」

ハイ、ストップ。止まれ、ハイ止まってー（ピピー）。ハイちょっと路肩寄せてー。オーラーイ、オーラーイ。はーいありがとー。大丈夫？　いまメンタル揺れてたね？お酒飲んでる？

なんにせよ、とにかく落ち着いてほしい。それは果たして、「あなたが反省し、悲しむべき出来事」だろうか？

だって、しょうがないことなのではないの？　え？　なんで傷つくの？　しょうがないことなのに？　えっ？　なぜに⁉

そんな「しょうがないこと」を献身的に引き取って理不尽な痛みに苦しむ方々にメッセージを伝えたいと思う。

解決策はある。

自身に、これから教える二つの質問をぶつけるだけだ。

【質問①】それって、あなたが反省すべきか？

私が新卒入社した会社は、とんでもないグレーな企業であった。

何が驚きって、表向きは法規制の遵守や社会貢献活動に余念がないように見えるが、実際はパワハラ、セクハラなど、ありとあらゆるハラスメントを詰めこんだ、ハラスメントトオールスター的な会社であった点である。

同期で居酒屋で飲んでいる際、受けたことのあるハラスメントでビンゴ大会をやりだすなど、もはや逆に被ハラスメント側もたくましくなる、そんな会社と労働者の双方がコンプライアンス意識を感じさせない、倫理感と道徳観念がぶっ壊れた会社だった。

とはいえ、そのような会社に勤めていると、上司の叱責によって「何もかもが自分のせい」「社会人なら結果がすべて」などと思いこんでしまうことがあった。

当時精神的に末期だった私も、ある日出勤時の雨模様の空を見て、「ああ、ふだんの私の行いが悪いから今日は雨なんだな……」と、地球規模の責任の十字架を背負う思考になったことすらある。

当時の私のこの状況を見て、皆さんは「雨なのはお前のせいだ！」と思うだろうか。多くの方は、「いや、雨はだれのせいでもないでしょ」程度の感想なのではないだろうか。

そうなのである。だれのせいでもないのである。

少なくとも、当時の私には、間違いなく雨が降ったことの責任はなかった。そして、その雨の責任を、私がわざわざ負いに行く必要はもっとなかったということである。

さて、ここでまた気になるのは、その責任の有無をどう判断するか、である。

雨のたとえだと少々わかりにくいので、あなたが喫茶店に勤めているとして、お客さんにコーヒーを出したら、頼んでないと怒られたとしよう。

このとき、「あなたがどうにかできる（どうにかすべき）問題だったか？」と自分に問いかけてみる。

自分が注文を聞き間違えていた。コーヒーを出す相手を間違えてしまった。そんなふうに、自分に非があるなら反省すべきだ。

一方、どう考えても、関係ないときである。コーヒーをあのお客さんに出すというのは店長の指示で自分は従っただけ。この場合、あなたがどうあったとしてもどうしようもない問題であるため、責任を感じることはない。

自分の心にかかる負荷は、すべて負わず、必ず取捨選択をしよう。

皆さんも、何か理不尽や気分を害すること、そして実害があることが発生した際、自分に問いかけてほしい。
「これ、そもそも反省すべきは私でいいのか？」と。

【質問②】それは、傷つくべき価値のあることか？

次いでもう一つの質問である。
次のような経験はだれしもあることだろう。

○ 上司の指示に従ったら間違っていた。それなのに自分が叱責されることになった
○ いつも家事をしてくれる妻をねぎらおうと洗い物をしたら「洗い方がなってない」と怒られた
○ 友人にプレゼントをあげたら「それ持ってるから違うのがよかった」と言われた

この際、反省したり傷ついたりする前に、はたまた上司や家族、友人に怒りを向ける

前に、いったん考える時間を作ってほしい。

そうして、まず「それってあなたが反省すべきか？」と自分に問いかけ、その答えがイエスだったとき、反省するのはいい。

だが、傷つくのはまだ待ってほしい。仮にイエスだったとしても、傷つく前にもう一つ、自分に問いかけてほしい第二の質問がある。

「それは、傷つくべき価値のあることか？」だ。自分に落ち度や反省すべき点があることが明らかな場合でも、この二つめの質問で、それらを正すことの重要性や必要性を測ってほしい。

この質問をさらにこまかくしたのが次のようなものだ。

1. それは、正すことで自分にとってプラスになるのか？

2. 反省することで何か効果や意味は出せるのか？

この二つの回答がイエスであったとき、初めて反省し、傷ついてほしい。

とはいえ、むやみやたらに傷ついてはいけない。反省し、傷つくことで得るものがあるならそれには意味があるが、傷ついてまで得るものが見出せないなら、そのダメージに意味はないので、反省だけしてさっさと忘れてしまおう。

傷つくときも、理不尽に対抗するときも、心をすり減らすときも、必ず意味や効果を欲して取り組むべきだ。

この「それは、傷つくべき価値のあることか？」という問いの素晴らしいところは、**ストレス事象から、自身の成長機会を見出すことができる**点に尽きる。いわば、理不尽とストレスのリサイクルである。

だれしも落ち度やミスはあるものだ。それに対して軽々と「私の責任ではない」と判断し続けていては、自分にとって不利益な状況に傾くこともあるだろう。

すべてをなかったことにして「反省の余地や責任はない！」と叫ぶよりも、少しでも自分の反省点を見出すほうが、長い目で見るとプラスなこともあったりするのだ。

やみくもに反省することに意味はない

傷つく／反省するということは、その価値や必要性、度合いをよく吟味し判断したうえで取り組むべき、高尚な活動だ。

やみくもに判断して、傷つき、反省しても、「**しょうがないことに傷つく**」「**価値のないことを反省する**」などまったく不要な沼にハマってしまうだけだ。

自分の心にかける負荷は、適切なチェックを通過した、いわば研ぎ澄まされた宝石のような価値がある負荷であるべきなのだ。

ふだん皆さんは、むやみに反省していないか？　傷ついていないか？

そんなときは、必ず自分自身に問いかけてみてほしい。

それって、あなたが反省すべきか？

そしてそれは、傷つくべき価値のあることか？

この二つの質問をくぐり抜けた負荷こそが、あなたの今後の人生に対して価値をもたらす宝石のような体験になるはずだ。

7

「できないこと」はストレスになる

何もできない状況

自分では対処できないことに相対したとき、人はとても強いストレスを感じる。

とくに、相対した問題が自分には理解できないことで、それでも解決を強いられているとき、それは地獄だ。

そのストレスにメンタルは削られ、対抗しようにも何もできず、問題は解決しない。

そんな袋小路の泥沼にハマったことのある人は、きっと少なくないのではないだろうか。

そんな最悪な環境から抜け出すためのお話をしたいと思う。


これは、まだ私が若いときの話である。

私が当時勤めていた会社は、とある化学製品メーカーを顧客としていた。

大口の顧客なだけあって、売り上げはまさにナショナルクライアント規模。年間の取引額は数億円を下らず、もたらす利益も莫大。

そんな社内外にとって存在感のある取引先であるがゆえに、当時勤めていた会社も営業部をはじめとして社内のスタープレイヤーを上から配置し、万全の体制で対応していた。

当時そのスタープレイヤーの集まり、銀河系軍団とも言えるチームを率いるリーダーであった私の先輩は、組織のエースであり頼れるお兄ちゃん、いや、お兄様的な存在であった。

容姿端麗、頭脳明晰、物腰やわらか、いい匂いもする。

もはや何かしらの科学実験で誕生した生物兵器なのではないかと思うぐらい、完璧な人であった。

私と周囲のメンバーにいたっては、その先輩のことを上司よりも慕うあまり、付き合い始めて半年以降は呼び名が「お兄たま」「閣下」「主《しゅ》」など、うなぎ上りに変わるほど。最終的には、朝出社したら本人に向かって「主よ、本日もよろしくお願いします」などと挨拶するほどの圧倒的信仰っぷりであった。

彼はそんな私を笑いながら転がし、日々後輩の育成も顧客のワガママもいっさいを笑顔でこなす、気持ちのいい人だった。

そんな私の尊敬を一身に受けていたその先輩が、ある日突然壊れた。

大口顧客の対応にともなう圧倒的業務量、会社の命運がかかる日頃のやりとりの緊張感、つねに社内で注目され、上層部に期待され続けるプレッシャー。

そのすべてが、完全なる「仕事ができる理想の男」である彼の精神を押しつぶした結果、彼は体調を崩し、突然退職願を会社に提出した。

私は驚いた。何に驚いたかというと、まさかの次なるリーダーが私になったことである。

彼の体調を心配する一方、自分の未来が強烈な不安に包まれた。

上司とチームメンバーのいる会議で、次なるリーダーに指名された際、思わず上司に向かって「な……なんでなんだぜ（?）」とタメ語で返答したほどだった。

その日、いなくなった我が主、そして代行となった我が身、その二つを憂いながら私は帰路についた。

足どりは非常に重い。どうすればいいいんだろう。

何が起きたんだ。

え、何が？　ん？　……は？　そんな心境である。

近くのスーパーで、カップ酒を購入して、公園のベンチに座った。

サラリーマンがこうしている姿を漫画やドラマで見てきた。私も真似してみれば、それらの主人公のようにハッピーエンドに行き着くのではないか？　そんな一縷《いちる》の望みをかけたカップ酒ギャンブル。

しかし何も答えをくれないまま、カップ酒は私ののどの奥に消え、酔っ払いだけがその公園に残った。


次の日から、私のリーダー代行の日々が始まった。

衝撃、いや笑劇とも言えるほど、仕事の必要水準に能力が追いついていない。思考のスピード、作業の品質、そして納期の遵守意識。そのすべてが圧倒的に足りていない。

初日はもうフルボッコもいいところである。

一人で関ヶ原の戦いに乗り出してもここまでボコボコにはされないだろう、というぐらい社内でボコボコにされた。

何より、わからないことが多い。わからないままに、わからないことを進めて、わからないなりの結論を必死に出す。

そのすべてが空振りだった。いまや敵兵にも見える社内のチームメンバーから蔑視《べっし》が私に注がれる。

初めての戦場、初めての大一番、初めての関ヶ原。

そのど真ん中で、私は確かに一人ぼっちだった。


数週間続いたそんな状況の最中で、私はあまりにもつらくなり、禁止カードを切った。元リーダー、いや、病床に伏す我が主に連絡をとったのだ。

短い呼び出し音のあと、聞き覚えのある元リーダー、現主、先輩の声が聞こえた。

私はまるで某国民的アニメのいじめられっ子が、国民的青いネコ型ロボットに悩みを打ち明けるようにひたすらに怒涛《どとう》の泣き言をぶつけた。

我が主、いやむしろこの場ではネコ型ロボットである彼は、時折自分のせいだと私を慮《おもんぱか》る言葉を静かに投げかけながら、一言質問した。

主「ところで、どんな仕事してるの？」
僕「……いや、どんな仕事って、先輩の残した仕事ですよ」
主「それはわかってるよ。ちょっと説明してみてよ。どの仕事の何で悩んでる？」

私はいまさら何聞いてきてんだと、自身の信仰と尊敬の対象である主&ネコ型ロボットに、自身のやっている仕事を半ばヤケクソになりながら説明し始めた。もちろん、知らないものやわからないこと、それらもそのまま伝えた。
しかし引き続き、先輩は私の話を静かに聞いてくれた。
そして最後に私にアドバイスをくれた。

主「いまの説明でさ、他人が仕事を引き継がれたらわかるかな」
僕「ハイ？　わからないでしょ。僕もできないし、わかってないところ多いんだから」
主「それだ。ソコだよ」

声色が変わった。病床に伏しているとはいえ、累積数十億の売り上げを作り出したネコ型ロボットは、鋭く私に切り返した。

主「できないのは、わからないところが多いからだ。わからないのは、知らないから。つまり、知らないままやるから、できない」

なんとまあ、当たり前のことを大発見めいたテンションで言うネコ型ロボットなんだ。未来に帰れ。気をつけて帰れ。

もはや、呼び名すらも主から閣下に格下げしてやろうかと思った私に、主&ネコ型ロボットは続けた。

主「いいか？　対処すべき問題は、『できない仕事をどうするか』じゃない。『知らないことはどうすれば知れるか』を考えるんだ。そうすれば、知らないことがなくなる。知らないことがなくなるから、知らないままやらなくなる。知ってることならできる。だから、仕事に対して、今日から解像度を上げるんだ。知らないことをなくせ。知っていることなら人間は対処できる。見えないし知らないし、わからないからどうすればいいかわからないんだ。何度でも言う。解像度を上げろ」

ポカンとする私に対して、遺言とも言えるアドバイスを残し、先輩はその電話を切り上げた。

アホみたいにポカンとした私は、もはや思考もできず、とにかく主の遺言をやってみることだけを決意し、毎夜のルーティンとなっていたカップ酒を、公園のど真ん中で飲み干した。

解像度を上げる

次の日の私は、前日のカップ酒によるアルコールが残っているのではないかと思うような勢いで、自分の「わからないこと」を書きなぐった。その数、百は下らない。

その百個の横に、だれに聞いたらわかるのか、そして何を見れば答えが載っているのかなど、なんとなくのアタリをつけて書きながら、丸二日をその百個の解消に費やした。

最初の十個までは半信半疑である。

「あ。そゆことね……」程度の寂しいリアクションを自身で行いながら、残り九十個に触る。

四十個目に入ってきた際、突然気づく。

なんとなく、残り六十個のわからないことがどんな解であるかの予想がつき始める。

それどころか、各項目の関係性や重要度なども理解できてきた。

百個の果てしないわからない項目が、十個程度の構造化された問題として姿を見せ始める。

何が問題かわかれば、あとは簡単である。その問題の重要度や緊急度をまた調べる。

結果、なんと十個の問題のなか、緊急の対応が必要なものはたった二つであった。

私は、その二つを解決するのに全力を注いだ。

一度わからないことがわかると簡単である。なぜなら、その問題の構造もだいたい頭に入るからである。


このときの私の状態をたとえるなら、はじめは届いたばかりの家具の複雑なパーツを個々で眺めている状態だ。

とりあえず眺めているだけでは何もわからない。

だが一歩踏み出して、説明書や完成品を見て調べたのちに、パーツの名前や役割を把握すると、なんとなく各パーツがいつ何時に使われるのか予想がつき始める。

その現象に似ている。

「なんとなく土台のコイツから作ったほうがいいな」
「あ、このパーツ、さっきのパーツと一緒だわ。使うネジも一緒かな」
といった具合に。

最終的に私はその危機を乗り越え、先輩の後任としてリーダー代行の責務を果たすことができた。

当時の上司は私にこう言った。

「何を聞いても答えられるぐらい、この仕事のことをよくわかってるね」

取り組む勇気を持つ

このエピソードを紹介したうえで、皆さんにお伝えしたいことがある。

解像度を上げるというと難しく感じるかもしれないが、まずは**取り組む勇気を持つ**ことである。

このエピソードにおける私も、序盤、わからないことをわからないままにして、手をつけられずにいたせいで泥沼にハマっていた。

しかし、一度腹をくくって解像度を上げる活動（人に聞く、載っている資料を探すなどのアクション）に取り組んでみると、問題の構造は徐々に丸裸になっていった。

一見、台所の金タワシのように入り組んだ問題も、一つ一つの繊維を見てみると「グルグルしているもの」「直角に曲がっているもの」「ゆるやかなカーブを描いているもの」の集合体であると理解できる。

メンタルを安定させてくれない原因に向き合うことは、面倒くさく、ときには非常に怖いことでもある。

だが、重い腰を上げて目を凝らす。

重い腰を上げて、手を動かす。

その勇気にあと押しされた勇敢な行動こそが、脅威の構造や性質、そのパターンを明確にし、「対処不能な問題」を「対処可能な簡単な問題」に変化させてくれる。

ここまで来ると残るのは、「対処されるのを待つだけの問題」であり、当初の恐怖感はかなり薄らぎ、もうたいした相手ではない。

そういう問題にストレスは発生しにくい。

なぜなら、もう対処される未来の予想がつくのだから。

今後、何かわからないことにぶつかった際、必ず思い出してほしい。
まずはわからないことに向き合い、解像度を上げる勇気を持つことを。

8 いま考えられる「結論」を持つ

アフリカの少年が教えてくれたこと

私がまだ学生だった頃の話だ。

当時、若さゆえに将来への不安がてんこ盛りだった私は、海外のとある国へ旅に行った。

きっかけは、当時同じ大学に通っていた友人が、突然インドに行く計画を立てたことから始まる。居酒屋で友人は、「ちょっと俺、自分を探しにインド行ってくる」と謎の遠い目をして、インドに馳せた思いを私に語った。

私としては、「なんで日本で生まれて日本で見つけられない『自分』が、インドで見つかんねん!!」と関西人ばりのツッコミを入れたい気持ちをグッと抑えて、友人がインド旅行へ出発するのを見送った。

後日、帰ってきた友人は「インドに『自分』はいなかった。いたのはゾウ、そしてインド人」と、当たり前のことを私に語った。当然である。落ち度もないのにガッカリされたゾウとインド人に謝ってほしい。

同時に彼は「観光地じゃダメだ。観光地に本当の俺はいない」と、やはり「自分」は海外にいる説を提唱し続けていた。

そんな彼の影響を受け、観光地への旅行にマイナスのイメージを持った私は、まったく観光地でない南アフリカ共和国へ旅に行った。

もちろん、観光をしに行ったわけではなく、その国の日常を見に行ったのだ。観光という特別より、生活という日常を見るのが目的だった。

理由はない、ただ見たいだけ。

そんな学生らしい短絡的な興味先行の旅だった。

空港から乗り合いバスや謎の個人タクシー（バイクで二人乗り）を乗り継ぎ、都市部を抜ける。目的地は、海外ＮＰＯ法人の一員として新興国でゴミ処理技術を教えている友人の家だった。

その道すがら、郊外に差しかからんとするところで、突然道路の舗装がなくなり、「Ｔｈｅ 土！」と言わんばかりのデコボコだらけの道になった。日本のような道路上の白い線などは見当たらない。

あったのは南アフリカの広くて赤い大地、そして遮蔽物のない大きな空だけだった。開放的というよりも、子どもが描いたイラストのような、単純でシンプルな世界に圧倒されながら私は笑い、同時に車酔いに悩みつつアフリカの洗礼を受けた。

そんな道のりを抜け友人宅にたどり着くと、地域の街並みを見て回るため、友人と一緒に散歩を始めた。

そこでとある少年に出会った。

年の頃は十五ぐらいだろうか。発育はよくすでに身長は百七十センチはあるが顔は幼く、身体はやせ細っている。彼は、私が手に持っていたカメラをまじまじと見つめ、友人が少年に「カメラは初めて見るのか？」と話しかけたことから会話は始まった。

当時のアフリカは、一部の地域を除いて、私たちの想像よりもずっとIT化が進んでおり、少年は「馬鹿にするな」と笑いながら答えた。聞けば、少年は近場のゴミ捨て場に転がるスクラップを集めて鉄くずとして工場に売り、その金で生活しているという。

ほかにもいくつか現代的な仕事もしたことがあると言うが、近場で一番金になるのがスクラップ集めだから、それをやっているという。十五歳にして勤続三年。社会人経験は私よりも上だった。

そんな少年に、私は友人の通訳を介してぼんやりと尋ねた。

「将来に不安はないのか？」

少年は、二秒ほど目を丸くしたが、はにかんだような顔でこう答えた。

「あるよ」

私は続けた。

「不安に思う気持ちをどう処理している？」

少年は少し困ったようにまた数秒の間を置いたが、今度は自信を持った笑顔で私に答えた。

「十八歳まではこの職業をやるって決めたんだ。だからもう、十八歳まで将来を考えることはない。毎日どう鉄くずを集めるかしか考えていない。それ以外は考えない。決めたんだ。不安など入る余地はない。なぜなら、決めたからだ」

最後、何度も彼は繰り返すように自身の決意を私に伝えた。

私に衝撃をもたらしたのは、その言葉もそうだが、何より彼の目だった。その目にあったのは、圧倒的な強度の、不安に立ち向かう決意だった。

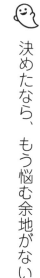

決めたなら、もう悩む余地がない

その日から私は、ものごとに悩むことがいっさいなくなった。

なぜなら、何かの問題にぶつかった際、少年のように「決める」ことを心がけるようにしたからだ。


決めることとは、問題に対して、その時点における結論を持つことである。


人々は自身でものごとを抱えこみ、結果が出るまでひたすら悩み、精神をすり減らしていく。

それは、問題に対して、結論を出していないからなのである。

結論が出ていないから、悩む。つまり、悩める余地がある。

しかし、結論が出ていると、もう悩む余地はない。

なぜならもう決めているからだ。

「仮に、抱えている問題がAになってもBになっても自分はこうするのだ!!」と、その時点で決めていれば、もうそれ以上、自分にできることはない。ただ時が来たら「こう!!」とするだけ。

結論を出していないから、決まっていないから、ずっと「どうしよう……」という不安にさいなまれるのだ。**決まっていると、結果が出たタイミングに合わせて動くだけになる。**

問題に相対したときに、その場で可能な限りの結論を出すという行為は、決して「解決」ではない。

しかし、そこに不安が巣食う余地をなくす。それはまさに解決に向けて足を踏み出す行動ではないだろうか。

ここである本からの一節を紹介したい。

「悩む」と「考える」の違いを意識することは、知的生産に関わる人にとってはとても重要だ。

ビジネス・研究ですべきは「考える」ことであり、あくまでも「答えが出る」という前提に立っていなければならない。

『イシューからはじめよ――知的生産の「シンプルな本質」』（安宅和人著、英治

出版）

日本のビジネスマンに愛される名著は数多あるが、この本は間違いなくそのトップクラスに名前を連ねるだろう。この本は、ビジネスマンないし人間が真に考えるべきことは何か、そしてその考える姿勢について説いたスーパー名著である。

そのなかで、安宅和人氏は、「考える」ことと「悩む」ことの差をこう表現している。

悩む　　答えが出ないことを前提に考えるふりをすること

考える　答えを出すことを前提に考えること

もし私が将来家を持つことがあったら、掛け軸に書いて和室に飾りたい名言である。少なくとも額縁、いや神棚に供えたい。座右の銘にすらしたい。スマホの待ち受けにし、後世に語り継ぎ、『令和の五輪書』として遺し、義務教育の教科書に載せたい。太字で、いや赤字で。

話を戻そう。

まさにアフリカの少年も同様なのだ。彼は、答えという結論を出すことで考えるふりをすることや悩む時間を捨てた。そして目の前のことにひたすら実直に取り組めている。そこに不安も後悔も悩みもない。

なぜなら、もう考えたから。そしてもう結論を出したから。

これを読んでいるあなたはどうだろうか？　いま抱える問題に、結論を出せているだろうか？

結論を出すふりをして、考えるふりをしていないか？

あなたを救うのは、下を向いて悩むことではない。現時点での結論を出すことである。

その結論を出したときのあなたの目には、きっと不安や後悔ではなく、強固な決意が凛々しく宿っていることだろう。

もう自分に「考える余地がない」ことを理解させると、思考もメンタルも再考の必要性を感じなくなり、負荷も疲弊も軽減されるのである。

第3章

メンタルを癒やす

9

メンタルを回復させる「習慣」を持つ

メンタルの不調には気づけない

学生時代、勇者が魔王を倒しに行く系のＲＰＧにハマり、週三で魔王を倒していた。魔王もたまったものではなかっただろう。ほぼバイト間隔で滅亡させられる魔王の身にもなってあげたい。

そんな、ゲームの勇者や仲間たちのうらやましい点は、やり直しがきくことや、魔法が使えることはもちろんだが、もっと身近なものがある。

それは、自分の体力などのステータス値が見えること。

このことは、地味なようで素晴らしい。

体力などのステータス値がどの程度かを可視化できれば、病気やケガの深刻さもはっきりわかるようになり、医療も、看護も、老後も、救われることこの上ないだろう。

こうしたゲームの数値ほどではないが、身体の病気やケガはまだわかりやすい。せきこんだり、血が出たり、息切れしたりと、限界に近づけば近づくほど状態異常が表れるからだ。

だが、メンタルはそうはいかない。

メンタルにおける一番と言ってもいい恐怖、それは「**自分の限界が見えないこと**」。

まさにこれなのだ。

回復させ続けるしかない

多くのビジネスマンや、人生やり手の方々は口をそろえて言う。

「メンタルの限界を知ることは大事」だと。

だが、メンタルはゲームのように限界値が明らかではない。また、身体の不調ほどわかりやすくない。受けるダメージもわからず、そしていまどんな状況かも把握しきれない。

そんなメンタルを抱えた私たちが、自分のメンタルをキャパオーバーさせないためにできることがある。

それは、**定期的に回復させ続けること**だ。


ゲームのたとえに戻ろう。

ゲームにもかかわらず、ＨＰ不明の勇者がいたとする。

その勇者が、魔王から攻撃を受けた。攻撃の強さはわかるが、肝心の残りＨＰが不明だ。

さあどうする！　勇者が死んだら世界が滅びる！　勇者よ！　お前は週三で魔王に勝たなければいけないのに！

ここで、皆さんがとるであろう選択肢はコレである。


「とりあえず、回復しとこう！」


そう、とりあえず回復。

いま受けた魔王の攻撃以上の回復をすれば、戦闘不能にはならない。少なくとも倒れないことは約束できる。

魔王にボッコボコにされながらも、定期的かつ強制的に回復の機会を設けることは、格好悪いが、勇者は不滅で、見方によっては安定すらしている。だってとりあえず、倒れないし負けない。

この勇者はもはや、勇者というよりだるまさんに近い。

回復を習慣化する

さて、皆さんの人生においても、ぜひこの戦い方をおすすめしたい。

つまり、回復の習慣化である。

メンタルの限界は、ゲームでＨＰが減ってきたときのように気づくことはできない。なので、不調を自覚してからようやく休息をとったのでは手遅れなのだ。

そのため、**定期的に、強制的に、休息をとったり、自分にご褒美を与えたりして、メンタルを回復させる習慣を持つ必要がある。**

習慣というものは、一度定着するとなかなか離れない。もしその習慣がないのであれば、あなたにはいますぐ必要だ。

これは、メンタルの負荷のはけ口をつねに用意するということ。たまるストレスや負荷に対し、排出する口を設けるイメージだ。

決してゲームオーバーにならないこの習慣を身につけることは、あなたの人生や社会生活から「敗北」の二文字をなくし、希望をもたらすに違いない。

これを習慣化することの素晴らしい点は、二つある。

まず一つめは、いま言ったように習慣という強制のサイクルに巻きこんでいくことで**休み忘れを防げる**という点。

そして、二つめは**日々にメリハリが出る**点である。

仮に週末に休みが待っているとする。好きなアーティストのライブにしよう。週末までの間にツライ仕事があっても、ライブを楽しみにして日々を過ごすため、エネルギー配分にメリハリがついていく。

このエネルギー配分は、あなたの人生に起伏をもたらし、絶望を消し去り、希望へ向かう感情を生んでくれるだろう。

ちなみに私は月に二回は自分に「いっさい仕事しない日」と「必ず温泉に行く日」を強制的に設けている。

あなたは、毎月いつ休むことにする？　どんなご褒美にする？

人生は、これくらい小まめに楽しみがないとつまらないだろう。

10 メンタルを守る「壁」を召喚する

あははっ
イラ
イラ
チッ
えっ?
ストレスを感じることには、物理的に壁をつくるといいのだ
SNSで見たくない言葉は、NGワードに登録したり
苦手な人には近寄らないのも手なのだ
なるほど

あるホームルームでの出来事

「もし人間に耳がなかったら、きっと音楽の素晴らしさや、森にいる小鳥のさえずりも楽しめないね」

私の通っていた小学校の当時の担任であった女性は、私を含む三十余名の小学生に、教壇の上からそう話した。

まだ朝の九時頃だったと思う。

おだやかな日差しがそそぐホームルームの時間。

初夏の風が教室のカーテンに触り、そのまま小学生たちの頬をくすぐる。

人間の持っている五感を、肯定的に捉える感性。

そんなことを考えたこともない小学生たちに、不意打ちとも言えるタイミングでその感性を与えた彼女の顔からは、若干の陶酔《とうすい》にも似た恍惚《こうこつ》の色さえもうかがえた。

しかし、私にとってその彼女の立ち姿よりも印象深かったのは、私の隣に座る高田さんという女子の独り言だった。

悦に入る担任が広げた空間の網を縫うように、心細い声量ながらもしっかりとした言い切り口調で、彼女はこう言った。
「聞こえるもの、全部、私が選べたらいいのに」

無意識のうちにストレスを受けている

ときは進んで、私は中学生になった。二年生になってほどなく、同級生の父親が、心の調子をくずしてしまったという噂話を耳にした。

どうやら労働環境やノルマの厳しい営業マン生活で精神がひっ迫し、神経が張りつめた状態から戻ってこられない体質になってしまったという。

たとえば本を読む際に、紙の色が気になって文字に集中できない。本を手に持てば、感触が気になっていら立ってしまう。視線をページに落とせば、自分の鼻が邪魔と感じて文字に目を落とせない。

そんな具合で、世の中のすべてのものからのストレスを一身に受けてしまう体質になってしまったと聞いた。

冒頭で書いた高田さんは、きっと小学生ですでに、この事象の存在、つまり人間が五感から得る情報は必ずしも必要なものだけではなく、不要な情報もあることに気づいていたのだろう。

子どもといえど感心する聡明さだ。私は大人になるまで考えもしなかった。

確かに、**自分のメンタルがすり減っていると、感じるすべてのことにストレスを覚える。**

たとえば、会社や学校で自分が何かミスを犯したとしよう。それ自体はたいしたことではないかもしれないが、もし自責の念が強いと、ふだんなんとも思わない電車の警笛にも耳がビクビクと怯えるようになる。

赤信号を視覚で捉えれば、待ち時間が少し長いだけでいら立つ。飲食店で頼んだカレーが想像以上に辛かっただけでも、大損した気分になって世界に絶望するときもあるだろう。

そのストレスのすべては、決して自分に向けられたものではないのに。

このように、自分が認識している以上にメンタルは五感すべてで日々のストレスを受け取ってしまっているのだ。

何度も言うが、否応なく、そして無慈悲にだ。

この話を社会人になったいま考えると、人間はそのストレスを無視したり、気づかなかったり、気づかないふりをしたりして通り過ぎているだけなのかもしれないと思う。ストレス、もしくはストレスの源は世界中に、むしろ空気中にすら散在していて、それを人間が無意識かつ適当に取捨選択しているだけなのだ。

それではここで、無限に降りかかるストレスへの対抗手段を教えたいと思う。

負荷になる情報を締め出す「壁」を召喚する

前述の通り、我々にとって負荷になる情報は世界中に散在し、牙をむいてくることも日常茶飯事である。

これは残念ながら事実であり、私たちはその世界のなかで生きている。

しかし、そのストレスには明確な弱点がある。

「壁を越えられないこと」。まさにコレである。

それはどういうことか。

たとえば、あなたが街を歩いていたとしよう。

繁華街の近くを通ると、知らない人々が言い争っている。決して好んで見たくはない光景だが、ここで一つ動いてみる。

目線を逸らし、イヤホンを耳につける。

好きな音楽を流しこみ、外界にあたる繁華街との接触を断つ。

音楽で、外界の音が物理的に聞こえない。意図的に目を逸らすことで、視界にストレスが入らない。

つまり、**ストレスと自分との間に、「壁」を召喚する**のだ。

召喚されたその「壁」を、ストレス側が越えてくることはかなり難しい。なぜなら、あなた個人に向けられたストレスではないからだ。ストレス側があなた個人に照準を合わせてくることは考えにくい。

私は、この「壁」を「ウォール・物理」と名付けている。

この「壁」は便利なもので、イヤホンなどの「ウォール・物理」にあたる物理的な壁もあるが、デジタルにも応用できる。

ＳＮＳでＮＧワードを登録すれば、そのＳＮＳでＮＧワードにまつわる情報は表示されない。さらにストレスになるアカウントをしっかりブロックするなどの行動を起こせば、ＳＮＳにおける自分の五感が届く圏内から相手が締め出される。立派なデジタルの壁「ウォール・デジタル」である。

「壁」の強度を操作する

いま説明した「壁」であるが、強度を操作するとますます便利だ。

人生には、ストレスになるが多少なりとも付き合わなくてはならない関係やイベントもある。


たとえば、職場のお局様の小言。

毎日お局様にイライラするが、それだけを理由として職場からは離れにくい。そんな場合も、「壁」の出番である。

名付けて「ウォール・局」。

自身とお局様の間に、絶対に越えられない「壁」があることをイメージして、その「壁」分の物理的距離を保ち続ける手段である。

必要以上に近寄らず、一定の距離をとることを意識するのだ。

物理的距離が保たれると、小言は聞こえないし、こちらの情報も届きにくいので、お局様がこちらに接する機会が激減する。

お局様から見ても「最近、物理的に接しない人」に対する意識は弱くなる。こちらの新しい話題や、ふだんの行いなどの情報が入らなくなり、小言を言う機会と材料を逸するためである。

「壁」は、何も関係の根絶や断捨離といった、100か0かという二択ではない。**ストレスとの接触頻度、時間、距離を意識的に操作し、受けるストレス量を操作する**ことがその本質なのだ。

人生において、望まないストレスは多々ある。

受けなくてはいけないストレスもあるが、その大半はあなた個人に関係がなく、不要なストレスであることが多いだろう。

よく「人との間に壁を作らないほうが得」などの言葉を冠した書籍やコラムが世の中にはあるが、私自身はそれに対して否定的だ。

必要なストレスにのみ接触することを心がけて、不要なストレスには一寸もその余地を与えるべきでないと私は考えている。

なぜなら、世界中に存在するそのストレスを受け入れ、許容する義務や役割はあなたにはないからだ。

どうか、手遅れになる前に必ず、「壁」を作って自分を守ってほしい。「壁」は絶対に逃げではない。あなたの人生を守る、頼りになる味方だ。

11 メンタルが傷つく「隙」をなくす

「多忙」と「暇」に振り回される

忙しいときに限って、考えなくてはいけないことが発生する。

暇なときに限って、結論なんて出てこないことを考えてしまう。

皮肉すぎる、なんでなんだ。人生難しすぎるだろ。

そもそも、なんだこの不条理は。一列に並んでもらって、順番にビンタしたい。

そのまま格闘技大会に持ちこみ、プロレス技をキメて、二度と私の前に出てこられないぐらいになるまでしつけたい。

何度そんなことを思っただろう。

妄想のなかで、格闘技リングのなかで、私は人生の不条理をコテンパンにしてきた一方、現実世界では人生の不条理に毎日コブラツイストをキメられている。

ちなみにコブラツイストとは、二〇二二年に悔しくも亡くなったアントニオ猪木さんの得意技である。

彼は「元気ですか！」と問いながら、闘魂注入と称して、世の人々を元気づける気合のビンタをして回る、日本を代表するプロレスラーであった。

というか、日本を代表するプロレスラーにビンタをされるのだから「元気ですか！」どころではない。「いや、そのビンタで元気じゃなくなるだろ、なんだその矛盾と破壊力は」とツッコミたくもなる。


話を戻そう。

人間は時間に追われながらも、たまにできた時間を持て余す生き物だ。しかし、なぜかここでも「多忙」と「暇」により精神的な余裕がなくなっていく。

忙しければ「ああ、もっと時間をかけて考えたいのに！」と。

暇なのであれば「ああ、ムダなことを考えてしまう！」と。

見方を変えれば、時間があってもなくても満足しない、贅沢な生き物だ。もう一度言うが、それが人間という生き物だ。

一般的に「多忙」、つまり「忙しい」ことは、漢字そのものが「心（りっしんべん）」を「亡くす」と書くように、あまり自分のメンタルにとってよくない印象を持たれることが多いが、じつはそんなマイナスの一面だけではない。

先ほど述べたように、結局暇でもメンタルは余裕がなくなっていく。

一概に忙しいことが悪く、暇なことがよいというわけではないのは、これを読んでいる皆さんにも何となく心当たりがあるだろう。

逆に言うと、「多忙」や「暇」は、コントロールさえできれば、自分のメンタルをもコントロールできる価値を秘めているのだ。

「多忙」で後悔と不安を蹴散らす

社会心理学の専門家で、自由時間が幸福度に与える影響について研究しているキャシー・ホームズという学者がいる。

彼女は、自身の研究発表のなかで、

「人は忙しすぎて時間貧乏になると気分が落ちこみ、ストレスが増え、感情的に疲弊するのは確かである。しかし、逆に自由時間が多すぎても、人の幸福度は上がらないことが調査で得た結論である。自分の余暇や多忙度合いをコントロールし、理想的な忙しさや余暇を持つことが幸福につながる（※一部要約）」

と展開した。

わかりやすく言うと、「多忙でも暇でも人間は満足しないから、それらを自分の満足いく程度にコントロールするほうが幸せになるよ」ということだ。

さらに端的に言うと、「**幸せになりたいなら、忙しさをコントロールしろ**」である。

「そんなこと言われてもな……」という印象を受けるこの一言だが、じつは多くの人々は、すでにそれを実行した経験がある。

たとえば、仕事が間違いなく年内トップクラスに忙しいとき。目の前にあること以外に思考を割いている場合ではない。もはや、戦争である。

そんな状況で「ちょっと結論出ない問題でも考えてみようか」などと周りに言われたら、「うるせえええええええええええええ！！！！　いま忙しいんだよ!!　引っこんでろ!!」とでも怒鳴ってしまいそうになる。いや、そう言うべきだ。実際忙しいし。

これは、一見仕事上でピンチに遭遇した一幕にしか見えない。だが、よく考えてみると「多忙」が悩みを蹴散らしている。

しかも勢いよく、一撃で。

私がふだんから説いていることだが、人間の悩みは大別すると二つしかない。前にも書いたが、「未来への不安」と「過去への後悔」。この大きな二つだ。人間の悩みは完全にこれらのどちらかに分類される。

そんななか、人間が暇なときに考えることのナンバーワンは、「過去への後悔」だろう。

もう戻れない過去における、どうしようもなかった事故や事件。それを憂い、悩み、反芻《はんすう》し、メンタルにダメージを受ける。

たとえば、自分の過去の仕事のミスを何回も脳内再生して、何回も上司に思い出のなかで怒られる。何回も同じ反省をし、何回も同じ涙を流す。

それはさながら、生き地獄だ。

その生き地獄は、暇なときに話しかけてくる。

「ねえ、あのときなんでこうしなかったの？」

「なんでそんな結果になってしまったの？」

時間があれば、つまり暇なときならば、それに応対し傷つくこともできるが、先ほど言ったように、多忙なときは再び「うるせえええええええええええええ！！！！いま忙しいんだよ!! 引っこんでろ!!」と言うべきである。

多忙は、不安にも後悔にも勝る。

忙しいということ、つまりいまを頑張るということは、不安と後悔からの解放を意味するのだ。

日常に「多忙」をちりばめる

このように、多忙というものは一見マイナスのものごとのようだが、それだけではない。

多忙ゆえに手が離せず、集中し、夢中になること。いまを頑張るその姿は、不安と後悔という魔の手からあなたを救う。

これを日々使いこなしてみよう。

スケジュール帳を開き、**意図的に予定を多く入れてみる**のだ。

もちろん、なんとなくやりたいことを書き出すだけでは拘束力がない。

歯医者や美容外科、予防接種などの、ふだんは億劫に感じる予約を入れたり、空いている週末に会いたい人とのアポを取りつけたりするのだ。

それだけで、自分の人生のなかに予定や納期が多く設定され、時間管理意識が引き締まる。

これも一見、窮屈で難しいことに思えるが、この効果は大きい。

予定を実現するために、毎日が不安や後悔に駆られる余裕などなく、**行動的で有意義な日々に変化する**。

迷ったり、悩んだりする時間などない。

なぜなら、あなたは有意義で充実した毎日を送ることで必死だから。

この本を読んでいるあなたも、手始めに直近の空いている日に予定を入れてみてほしい。

「暇」ができたらしっかり休む

そんな多忙な毎日を送ると、体力や気力が限界に陥るときもあるだろう。そこで満を持して、休暇や余暇と呼ばれる時間の出番である。

ここでも一つテクニックを授けたい。

ここで言う**休暇や余暇とは、後悔や不安を思う時間ではない**。れっきとした目的を据えるのだ。

具体的には「十時間以上寝る」「見たいドラマをすべて見る」「とにかく何も考えずSNSをする」「気の向くままに過ごしてみる」など、緩すぎるけど明確な目的意識のもとに過ごしてほしい。

休みの日に目的を持つこと、それが後悔や不安で自身が落ちこむことを防ぎながら、回復する手段なのだ。逆にここを意識しないと、すぐに後悔や不安の念はあなたの脳内に滑りこんでくる。

あなたのお休みは、後悔や不安のために存在しない。あなたの回復と癒しのために存在する。それをしっかり認識すること。

スケジュールを考え、「多忙」と「暇」をコントロールして、自分の人生をまるで舞台のように演出すること。

それこそが、自分のメンタルを保つための技術であると言えるだろう。

第4章

メンタルを燃やす

12
やる気になる「環境」を整備する

我思う、飯あるがゆえにデブあり

なぜだ。人は、なぜ太るのだ。

どう考えてもおかしい。私は食べたいだけだ。そして動きたくない。

それだけのはずなのに、なぜ太るんだ。悪いことは何もしていない。

食べることも動かないことも、自分の身の安全や精神の安寧につながっているのに、なぜだ。なぜお前は……いや、貴様は増えるのだ。脂肪。


落ち着いてくれ。いいか、聞け、脂肪。座ってくれ、いいか。頼む。

ここに一人の人間がいるとする。その人間は甘いものやカロリーの高いものが大好きだ。そんな人間が食事をする。ふだん通りだ。なんの変哲もない食事だ。

そこで質問だ。やはり不味そうに食べるよりは美味しそうに食べるほうがお前も見ていて気持ちがよくないか？

違うのか？　え……違う？　関係ない？　増える？　……増えるの？　え、脂肪……

いや、脂肪さん。マジで？　え、ハイ……ごめんなさい。

そんなこんなで、ダイエットに向けて動き出した私の自戒として、自らを奮い立たせるべく、そして同時に同じ悩みを持つ皆さんを救うべく、「行動を起こせるメンタルを持つためには、どうすればいいか」を解説しよう。

「明日からにしよう」になる理由

人はなんらかの危機が迫らない限り、行動を起こせない。

なぜなら、メンタルがいわゆる「その気分」にならないから。つまりは気分がノらない！　ってやつである。

例をあげるなら、大きな災害が起きなければ自宅に防災グッズは備えないし、会社で上司に怒られないとふだんの行動を顧みない。体重計に乗らなければ、ダイエットも意識しない。

そう、そもそも**人間という生き物は怠惰で、動くためには「動かざるをえない理由」が必要なのだ。**

メンタルはたとえるならエンジンの役割であり、あくまでそれは燃料を燃やさないと動かない。人間のエンジンたるメンタルは、何かしらのガソリンを注ぐことによって初めて駆動するのだ。


では、逆に「動かざるをえない理由」がないまま動くとどうなるだろう？

冒頭のダイエットの話をたとえにして考えてみる。

私が、とりあえずなんとなくの考えでダイエットに踏みきったとする。

朝目覚め、窓の外を見る。差しこむ日差しが、ランニング開始の時刻を無慈悲に私に知らせる。季節は真冬。気温は低く、布団の外は極寒の世界。着替えはおろか、指先すら空気に触れたくない心持ちである。

そこで、私はこう考える。

「絶対出たくない。明日からにしよう……とくに失うものもないし……」

だれもが経験があるのではないだろうか。ダイエットでなくとも、仕事でもプライベートでも同様の諦めは多く発生する機会がある。

まさにこの「明日からでも問題ない」「とくに失うものがない」が、ダイエットなどのつらいものごとと向き合う際に最も大きな障壁になる。

しかし、同時にこれが自分をコントロールできるヒントでもある。

行動を起こすための着火剤を準備する

先ほど、私は「メンタルはエンジン」とたとえた。

エンジンのような動力機械に必要なものは、二つある。一つは、すでに伝えたように動力源となる「ガソリン」。そしてその前に大切な、もう一つのものが、エンジンを始動させる「着火剤」である。

今回は、この着火剤にフォーカスしたい。


一般的には始動剤とも呼ばれる、エンジン着火に必要な役割を果たすこの資源。

先ほどのダイエットなどの例に置き換えると、ハートに火を点けるものを指す。その意味で着火剤そのものなので、ここでは着火剤と呼びたい。

やせるためにランニングを始めたいけれど、始められないという事例に当てはめた場合、着火剤は、どうしても外に出ないといけない理由、つまり「外に出てランニングしないと発生する罰則」「ランニングのために買ったランニングウェアやシューズ」などが該当する。

それらは、布団のなかのあなたに対してこう働きかける。

「いいの？　せっかくウェア買ったのに……お金ムダじゃない？」

「今日外に出ないと、○○のご褒美おあずけだな……」

このように嫌がるあなたを叱咤し、あなたがダイエットという行動を起こすための火を点ける着火剤になってくれる。

人間というものは不思議で、**賞品や報酬よりも、罰則や罰金があるほうが身体が動く**ものだ。


とはいえ、見方によっては、罰則や罰金で自らを脅すというのは、メンタルにとってはマイナスの負担かもしれないと感じるだろう。

だが、そもそもダイエットしないと、メンタルだけでなく身体そのものの健康度は永遠にマイナスである。

一時的にメンタルの負担になるだけだと割りきっても構わないし、少なくとも身体面には実践する価値があるのだ。

最高のお膳立てをしてあげる

ここまでの話は、嫌がる自分を強引に動かそうとしているので、若干暴力的に感じたかもしれない。

しかし、そんなつらいことではない。

そうせざるをえない環境を整備して、自分を追いこんでいくことは、ある意味、自分にとって最高のお膳立てをしてあげるということでもある。

たとえば、ダイエットのためのランニングなら、ウェアやシューズのほかにさまざまな環境や資源が必要となる。ランニングコース、まとまった時間、そして目標や計画。それらをまず少しずつ準備し、自分の着火剤になりえる環境を構築していく。

そうして丁寧に、自分にとって最適化された環境を整備していくことで、完璧にお膳立てされた最高の状況で有意義な時間を過ごす、という非常に高尚な行いになるのだ。

意外にも、これを知らない人は多い。だれもが、環境を整備せず決意だけのチカラで乗りきろうとする。

意志のチカラを信じること、それ自体は立派だ。多くの人が最初は自分の意志を頼りに行動を起こそうと考えるのだから。本来的だし、発案自体は確かに尊ぶべきだろう。

しかし残念ながら、決意一つでダイエットや苦境に臨めるほど、人間のメンタルは強くない。

ときには、**物品や罰則のチカラをも借りて自分を律することが必要**なのだ。

そして、このように着火剤になりえる物理的な制約を作ることができれば、それだけで自分のメンタルを操ることは可能だ。

同時に、着火剤の量や質を減らすことができれば、それはもう自分自身のコントロールを掌握したともいえる。少ない着火剤で目標を達成する自分を手に入れたのと同義なのだから。


これらのテクニックは、あなたをダイエットの成功だけに留まらない、さらなる目的の達成に導いてくれることだろう。

さあ立ち上がろう。全国の同志、いや、デブよ。

心に着火しろ、心を燃やせ。っていうか脂肪を燃やせ。

13 メンタルに「ガソリン」を与える

頑張り続けることができない

若い社会人からいただくDMのなかで、二十代半ばから三十代はじめの人にだけ、圧倒的に数が見られる相談がある。

それは「**頑張り続けることができない**」というもの。

その相談の背景をよくよく掘り返すと、DMの送り主たちがこの悩みを抱いたのは、おおよそ学生の頃からだったりする。

学生の頃から、自分は何かを長期的に頑張ることや苦難に立ち向かうことが苦手だというのだ。

学生の頃から悩みを持った送り主たちは「どうしても頑張れない」「やる気はあるのに頓挫してしまう」「毎日がつらい」「目標を掲げるのが苦しい」と、いまだに日々苦悩している。

そうしたお悩みを解決する一つのヒントを皆さんに授けたい。

イヌ、サル、キジでもきび団子を欲する

おそらくいないと思うが、思い出せない人のために桃太郎の話をおさらいしよう。以降、私の記憶があいまいなため、微妙に思い出せないところは……とりあえず、ちょっと勢いで補填しながら雰囲気でおさらいしたい。

むかーしむかし、とあるところに、お爺さんとお婆さんがおりました。

ある日、お爺さんが山に柴刈りに、お婆さんが川に洗濯をしに行きました。

お婆さんがなんやかんやで、川から流れてきた桃を家に持ち帰り、お爺さんがてんやわんやで、桃を真っ二つに割ります。

落ち着いて考えるとそんなデカい桃を前に「とりあえず割ってみっか」と動き出す高齢のお爺さんの行動力にも驚きです。まるで老いを知りません。しかし、そこは置いておきましょう。

桃から生まれた桃太郎は、「仮に俺がドリアンから生まれたら、俺はドリアン太郎だったのか……よかった……桃で」と安堵しながらすくすくと育ち、鬼退治に行くことを決めました。

道中、桃太郎はお供の仲間を三匹見つけます。

イヌ、サル、キジです。

さすがに働き方改革真っ盛りのこの社会で、三匹を無償で働かせるわけにもいかず、桃太郎はきび団子を渡します。

きび団子を渡された三匹は、当初満足しますが、道中鬼ヶ島に近づくにつれ過酷さを増し飽きてくる旅路に不平不満を漏らします。

見かねた桃太郎は、イヌ、サル、キジにそれぞれ、好きなものを与えました。

高級ドッグフード、めちゃくちゃ可愛い雌のサルの写真集、そしてキジの推しのライブチケット、しかも東京ドーム公演S席です。

それらをもらった三匹は、士気が上がり、鬼退治を完遂します。

うろ覚えの桃太郎（?）の話はここまでだ。

ここで皆さんに問いたいことがある。

イヌ、サル、キジですら、きび団子を欲したが、**皆さんは何を動力にして生きている？**

冒頭のお悩みについて考えてみよう。

「どうしても頑張れない」「やる気はあるのに頓挫してしまう」「毎日がつらい」「目標を掲げるのが苦しい」などの悩みをよく読みこむと、どの人も必ず最初はそれらができていることが悩みの前提にある。

初めはなんらかのきっかけがあって、目標を掲げ、それを達成するための行動を起こせている。

それを**途中でやめてしまうことが問題**なのだ。

逆に言えば、行動を起こすに至った最初の環境とモチベーションを与え続けることができれば、最初の状態を最後まで継続できることになる。

前項で、人間にとってのメンタルは、動力機械で言う「エンジン」であり、エンジンを動かすためには「着火剤」と「ガソリン」が必要だと説明した。

環境は、人間にとってのエンジンであるメンタルが最初に動くために必要な状況や物質。いわゆる着火剤の役割。

そしてモチベーションは、メンタルを動かし続けるためのガソリンである。

人間が行動を起こすためには着火剤が必要だが、それだけでは動けなくなるときがある。それは行動を起こし続けるためのガソリンが不足しているからだ。ガソリンを供給し続けることができれば、途中で止まってしまうことはない。

メンタルはエンジン、環境は着火剤、モチベーションはガソリン。

これらを整えていられることが、継続するチカラの源泉になるということだ。


先の桃太郎の話でもそうだ。

サルやキジが、過酷さを増す道中できび団子以上の見返りを望んだように、仮に私たちがイヌ、サル、キジだったとしても、一回のきび団子の配布程度では、到底鬼退治など行きたくない。ブラック待遇すぎる。

そうなると、きび団子を何かしらの際につど配布してもらうか、もしくはきび団子に代わる何かがつねに欲しいと思うのが普通だろう。


イヌは、高級な食を。

サルは、好みのコンテンツを。

キジは、推し活の楽しみを。

このように、イヌ、サル、キジでさえ、自身のメンタルを動かすためのガソリンを用意していた。

それなのに、**現代の人はまるで、恵まれた環境を維持することやご褒美の重要性を軽んじている**ようだ。

一度目指し、決意すれば無条件に人は動き続けると思っている。

それは、間違いだ。

同時に継続性の観点から見ても現実性に欠けており、無理がある。そもそも継続してエンジンが動くためには、当たり前にガソリンは必要なものなのだ。

もし**自分に何かを継続させたい、努力させ続けたいと思うなら、決して自分にとってのガソリンの供給は甘く見てはいけない**。

自分に必要なガソリンはつねに変化する

ここまで書いた、メンタルを動かすために必要な物質であるガソリンだが、一つ大きな注意点がある。

それは「**ガソリンは日々変化する**」ということ。

ガソリンの質が変化するということではなく、自分に必要なガソリンはつねに変化するから気をつけるべき、の意味だ。


ここでまた例に戻ってみよう。

桃太郎の一行は、鬼ヶ島まで歩いていたが、ここ数日ずっときび団子しか配布されていない。

鬼ヶ島に近づくにつれ、遭遇する敵、苦難や試練の質もどんどん上がっていく。

そんななか、従来通りのきび団子で満足するだろうか？

イヌ、サル、キジが労働組合を組織して怒ってきそうなぐらい、深刻な問題になるだろう。

だから途中で桃太郎は三匹にこれまでと違う、新しいガソリンを与えたのだ。

何事もそうだが、何かを継続したり目指したりしていると、苦難や試練の質はどんどん変化していく。

その際に決してその変化を無視せず、自分が当初のように努力し続けることができる、その時点で必要なガソリンを見定めて、手配することが大事なのだ。さもなくば、刻一刻と厳しくなる継続の難しさに、エンジンであるメンタルが音を上げてしまう。

ガソリンをケチってエンジンが壊れて目的達成ができなくなるなど、言語道断だ。必ず自分の現状を的確に捉えて、「**いま自分が欲するガソリンは何か？**」と問いかけて、それに嘘をつかないようにしよう。

あなたのガソリンはなんだと思う？

きび団子？　それとも名誉？　お金？　自由時間？　グルメ？　推し？

自分にとってのガソリンを把握することは、あなたの未来にきっとよい影響をもたらすだろう。

14 「過去の成功体験」で自信を取り戻す

自信を失ってしまう理由

私は人間の設計をとても残念に思うことが多い。そもそも設計ミスじゃないかと思うことがよくある。

ちょっと花粉を吸えばクシャミが止まらないこと、どこかがかゆくてもだいたい掻かないほうがいいというケースが多すぎること、栄養不足だから口内炎になったのに口内炎が痛くて栄養がとれないこと……などなど。

そのなかでもぶっちぎり文句なしナンバーワン殿堂入り間違いないチャンピオンｔｈｅグランプリ十年連続の覇者は、「**自信を忘れること**」。これに尽きるだろう。

「自信を忘れること」。

つまり、もともとあったはずの自信を、失ってしまうことだ。

自信がないと、自分を肯定できず、仕事であろうと遊びであろうと、意欲的に取り組めなくなってしまうだろう。そうなれば、結果として、人生から幸福さが失われてしまうのだ。

だが、この「自信を忘れること」というのは、人類が太古の時代より生き延びてきた結果から見ると、さほど特別でも珍しくもないという説がある。

太古の昔、野生の動物と共存していた人類は、襲われたり狩りに失敗したりして命を落とすことが少なくなかった。

そこで彼らはどうしたら種を存続できるかを考えた。その答えは、戦闘力や頑健さで動物に遥かに劣る分、頭を使い、工夫を続けることだった。

彼らはまず、自身の成功体験や成果にとらわれて慢心することが、失敗の理由だと考えた。

そこで、それらをなるべく早く忘れ、これから来るだろう脅威に備えるべく、新たなアイディアを生み出すことを続けた結果、慢心したり隙を作ったりすることなく、その身の防衛に成功してきたという。

そしてそのなかで役立った成功体験を淡々と知識に変え、生き延びてきたのだ。

この積み重ねを経て、**人類は過去の成功よりも未来への不安にさいなまれる思考を基本として所持するようになった**のである。

その思考のなかでは、成功から来る自信は慢心や隙に変化するため、危険以外の何物でもない。

しかし、四方八方を野生の動物に囲まれる生活は、いまのこの時代にはもう発生しえない。その時代性から見ると、この基本思考は実際の生活にそぐわなくなってきているとも言える。

その基本思考から離れることで得られるメンタルケアテクニックを、皆さんに伝授したい。

実績を残しても自信を持てない

私がまだ学生で、アルバイトをしていた頃。

高校生にしてアルバイト先のレストランの古株になっていた私は、二つ年上で大学生の新人の教育係を担当することになった。その大学生は神奈川県の女子大に通う地方出身の女学生で、見た目にはなんの変哲もなかった。

ある日、その大学生と休憩時間が重複し、休憩室で客には出せない気の抜けたコーラを片手に談笑していたときのことである。

私はなんの気なしに、「何かスポーツとかやってました？」と尋ねてみた。

彼女は首を横に振り、わずかに困った顔で「運動神経悪くて……」とだけ呟き、うつむいた。

地雷を踏み抜いた気がした私は、その気まずい空間を埋めるべく、「あ、じゃあ何か特技あります？」と立て続けに聞いた。

いま考えれば、どう考えても盛り上がってない会話を深掘りするようで悪手だが、当時まだ高校生だった私の会話術は、これが限界だった。

しかし、彼女は予想だにしない返答をよこしてきた。

「あ……。強いて言えば、書道、かな……？」

私は見出した活路を広げるべく、続けた。

「書道！　なつかしいな、中学生の頃にやったな〜。上手いんですか？」

彼女は今度は恥ずかしそうにうつむき、こう言った。

「全国二位です……」

おいおいおいおいおいおい。待て待て待て待て待て待て。何？　え？

突然の全国覇者クラスの登場である。もはや運動神経はどうでもいい。そんなものよりも圧倒的に誇れる実績すぎるだろ。むしろうつむいて言うことじゃないのよ。表彰台の上で銀メダルかじりながら言うべき内容なのよ。

突然のカミングアウトのインパクトが極端に大きい。気持ちの整理がつかない。なんかコーラでごめんなさい。シャンパンとか欲しかったですよね。

そんな彼女に私は言った。

「いや、すごいですよ。驚異的な実績じゃないですか。なんでそんなの隠してたんですか」

うつむき加減を少しだけ水平に戻しつつ、また予想外のコメントが返ってきた。

「隠してたのではなくて……。忘れてたっていうか、なんの自慢にもならないなと思って」

おいおいおいおいおいおい。待て待て待て待て待て待て。何？　え？　え？（二回目）

自慢にしかならないだろ。その実績をけなせるのは全国一位のやつだけでしょ。

全国二位よ？　日本人は一億二千万人いるのよ？　自分の下に一億一千九百九十九万九千九百九十八人いるのよ？　覇者じゃん。皇帝じゃん。閣下と呼ばせてください。

「えー、一生誇れる素晴らしい功績だと思いますけどねー！　もしかしたら書道の先生のバイトとかできるんじゃないですか？」

若き天才、ないしは全国二位に教えてもらえるのだ、絶対に需要はあるだろう。

しかし彼女は改まった様子で虚空を見つめて、再度私にこう返した。

「いや、でもそのあとずっと入賞できなくて。そうしたら過去の入賞も全部マグレだったんじゃないかって思えてきて、実感もなくなってすべてが嫌になってしまったんです。だからもうこのこと忘れようかなって思ってます……。なんかすみません、こんな話しちゃって」

手元のコーラよりも気の抜けた素振りで、彼女は暗い雰囲気に包まれ、私は何を言えばいいかとあたふたとしてしまった。そんな苦い記憶である。

その後も、私は人生で似たような人間に三人遭遇した。

一人は、世界三位のパントマイムパフォーマー。もう一人は数学オリンピック国際大会出場者。最後の一人は、けん玉の世界チャンピオン。

しかし、そんな栄光を手にしているのに、全員が口を揃えて自信なさげにこう言うのだ。

「私、そんなすごくないです」と。

人類、すぐ自信失いすぎ問題

自身の能力を必要以上に高く見積もり、油断や隙を生むのは言語道断だが、低く見積もって自分の精神面や他者からの評価にダメージを与えるのは非常にもったいない。評価は、他人からされるものであり、他人と比較されて決まるものなのだから、何かのランキングに入ったり賞を得たりした人間の能力が低いだなんてことは理論上ありえない。


だが、自身を過小評価してしまう人は少なくない。

それは、非常にもったいないと言えるだろう。なにせ実力はあるのだから。

自身を過小評価すると自分の存在をとにかく小さく考え、行動が委縮する。

行動が委縮するから自身の評価が低いままで、また自分を小さく考え、行動が……といった、無限マイナスダメダメ落下オーマイガーサイクル（勝手に名付けた）に陥る。

そして、最悪のパターンになると、「過去の私はすごかったかもしれないけど、いまの私は……とても社会や他人に見せられるものでは……」というように、何も悪くないのに自身が自身を傷つける心理状態に陥ってしまう。

ちなみに、この心理状態を「インポスター症候群」という。

インポスター症候群とは、自己の能力や立場、財産や成功などについて、自分の実力を心のなかで肯定できずに、自分を過小評価する心理状態のことである。

インポスターは英語で「詐欺師」を意味しており、インポスター症候群に陥った人は「自分の能力はたいしたものではないのに、まるで成功している者であるかのように、自分が他人をだましている詐欺師のような気分になる」という罪悪感にさいなまれ、心身に悪影響を及ぼしてしまう。


ここで断言したい。

過去のあなたなんていない。すべて地続きで、過去もいまのあなたの一部。そう考えるほうがいい。

それでも自分を信じられない迷える子羊のあなたには、ここで私がしっかり、引導……いや、幸せに向かうための技術を授けたいと思う。

「事実の堤防」を築く

自身の部屋を見回し、記憶を呼び起こしてみてほしい。

賞状やトロフィーをもらった経験がある人はいるだろうか？　もしくは先生や上司、尊敬する人などに褒めてもらった記憶。少なくてもいい。それが事実ならまったく問題ない。

その実績や記憶たち、それこそが堤防なのである。

それでは続けて、この堤防の使い方を説明しよう。

先に紹介した書道全国二位の大学生は、よくこう思うと言っていた。

「はぁ……私、何も取り柄ないな。書道全国二位とか、日常で役に立たないし」

これでは、堤防が堤防の役割を果たしていない。そこで、メンタルの不調や脅威に対する堤防として、しっかり前面に押し出してみよう。

「はぁ……私、何も取り柄……………あったわ。書道全国二位だわ」

である。

事実や実績を堤防として構えることで、もはやそれ以上マイナス思考のつけ入る隙がなく、完結するのだ。

大事なのはまず、自分が成し遂げた事実や実績をしっかり評価すること。次に、それを前面に押し出すこと。自分がダメだと思う前に、実績をちゃんと見ること。本当にダメか？　そんな実績まで持っているのに？

さらに言うなら、**そもそもダメだと思ってはいけない**のだ。

それは、過去にあなたを称賛してくれた人たちの目を節穴とすることにもなりかねない。

あなた一人の判断で、あなたをダメだと判断してはいけない。

恋人のために、家族のために、先生のために、称賛してくれた人々のために、あなたは自分のことをダメだと思ってはいけないのだ。

その決意を胸に、堂々と事実のチカラを借りて心の堤防にしよう。

15 負の感情でドーピングしない

ドーピングはよくない

皆さんは、ドーピングという言葉をご存じだろうか？

ドーピングとは「スポーツにおいて禁止されている物質や方法によって競技能力を高め、意図的に自分だけが優位に立ち、勝利を得ようとする行為」のこと。

要は、自分が勝つために、禁止されている薬物を使用したり、他の競技者と比較してフェアではない活動をしたりすることだ。スポーツマンシップに反する行為のため、禁止しているスポーツ団体、組織がほとんどだ。


しかし、ドーピングが嫌われ、禁止されている理由はこれだけではない。

ドーピングの脅威は、ドーピングをした本人側にも及ぶ。

ドーピングには、筋肉増強や疲労感低減、競争心向上などの効果が得られるというメリットがある一方で、心血管疾患などの発症、ホルモンバランスの乱れ、また判断力低下などの副作用を引き起こすデメリットがある。

そう、ドーピングを行うと一時的に能力が向上する代わりに、身体へ高い負荷がかかるのだ。

ドーピングの危険性をたとえるなら、焚火にガソリンをぶっかけるようなものだ。文字通り爆発的な燃え盛りを見せるが、炎の出元である木材や設備は、急激な爆発に耐えきれず、すぐに燃え尽き傷んでしまうだろう。

一時的な能力向上が望める反面、持続性がない。

それがドーピングの最も忌むべき点である。

そんなドーピングだが、肉体面だけではなく、精神面に使われるドーピングが存在する。

ここでは、絶対にそれをおすすめしない理由を解説したい。

実力者はいつでもふだん通り

世の中には、タイトルマッチと呼ばれる戦いが存在する。格闘家から将棋棋士の世界まで、幅広く存在する勝負の概念だ。これは、「勝ったほうがタイトルを手にする」ことを前提に行われる勝負のことで、代表的なものでは将棋がイメージしやすい。

将棋の世界では、八つのタイトルがある。それぞれ、タイトルを手にすると竜王・名人・王位・叡王・王座・棋王・王将・棋聖と呼ばれる。

記憶に新しい出来事としては、二〇二三年十月十一日、藤井聡太氏が二十一歳二カ月にして、すべてのタイトルを冠した。二〇二四年六月には惜しくも叡王の防衛戦で敗れ、八冠から陥落してしまったが、それでも彼が圧倒的な実力を誇っていることは間違いない。

そんな藤井氏は、各タイトル戦前に記者から意気ごみについて聞かれるとき、冷静な面持ちで殊勝かつ丁寧なコメントをすることが多い。

その際、対戦相手への印象や分析についてはさまざまな角度から言及する一方で、自身の在り方について話す内容は、つねに淡々としており大きく変化していないように見受けられる。

例をあげると、先ほどの藤井氏が全タイトルを手にした日、京都市のホテルで行われた将棋の王座戦五番勝負第四局で、永瀬拓矢前王座を激闘の末に破り、史上初の八冠制覇という快挙を成し遂げた彼は、記者からの「追われる立場になったことで戦い方は変わるか？」という問いにこう答えた。

「将棋は盤を挟んでしまえば、立場の違いはまったくないので、これまでと変わらない気持ちでいいのかなと思う」

八冠を制したうえでもこの心持ち。私だったら「いえーい！」と叫んで勝利に浮かれつつも、追われる立場となったことへのプレッシャーを想像して顔を真っ青にしていただろう。

スポーツなどの勝負の世界に広く目を向けると、圧倒的な実績や強さを持つ人たちは、藤井氏と同じような質問をされると皆共通して「これまでと変わらない」「いつも通り」といった主旨のコメントを残しているように思う。

つまり、圧倒的な実績や強さを持つ人たちは、目の前の勝負や活動に、つど特別な思い入れを持っていないのだ。むしろ、継続性や持続性、ふだんの平常心を重宝し意識しているように感じられる。

これはなぜか？

継続性のある「ガソリン」を取りこもう

それは、彼らが自分を勝利や成功に導く「ガソリン」を、どういうものにすべきか理解しているからにほかならない。

ここで言うガソリンとは、メンタルを「エンジン」にたとえたときに燃料となるもののことだ。

すでにこの本のなかで説明してきたことだが、まず人間のメンタルを動かすためには「着火剤」となるきっかけが必要で、さらにそれを動かし続けるためには、エンジンにとっての「ガソリン」になるものを供給し続けることが必要だ。

ときとして人間は焦燥感や孤独感、憤怒など、負の感情や意識を「ガソリン」にすることで、結果を出せてしまうことがある。

それはたとえるなら、冒頭で説明したドーピングのようなものだ。

いわば精神のドーピングである。

目の前の勝負に向けて、徹底的に自分を追いこみ、負荷をかける。すると追い詰められたメンタルは必死に身体と脳を動かし、無理をして結果を出そうとする。そこで結果を残すと、それが癖になってしまう。これが何よりやっかいだ。

自分のメンタルや肉体を犠牲にして、毎度結果を残す。そんなことが持続できるはずがない。すぐに心も身体も壊れてしまうだろう。

つまり、**負のエネルギーを使うことは、瞬発的な効果は見こめるものの、長い目で見ると人間にとっての正しいガソリンではない**のだ。

藤井氏のたとえのあとで恐縮だが、私自身にも負の感情をエネルギーに代えてしまった経験がある。

若かりし頃の私は、仕事や私生活で勝負事があれば、その日に向けて時間を、体力を、気持ちを割いて臨んでいた。目の前の勝負に、いまの自分が捻り出せる、ありったけのものを持ちこもうとしていたのだ。

そうすることで確かに勝率は上がったが、そんなことを続けるうちに、身も心も疲弊してしまい、三年もせずに病床に伏すことになった。

当時の私は、ありったけのものを持ちこむことで、自分の実力のなさから逃げていた。

藤井氏もきっとそれを理解しているのだ。

毎回の勝負でありったけのものを持ちこむことでは、きっと単発でしか勝てない。

勝ち続けるには、持続性が大事であること、そしてそれが最も大変であること。それを彼は知っているのだろう。

ガソリンを取りこむときは、必ず継続的なものを選ぼう。

質の悪いガソリンを入れてはエンジン（メンタル）が壊れる。

成功者である藤井氏の発言に加え、失敗例である私のしかばねをムダにしてはならない。

そのためには、自分のエンジンであるメンタルをむしばみやすい、負の感情や意識をガソリンにしないように、「いま自分が負の感情でドーピングしていないか？」と、自身に問いかける癖をつけることが非常に重要だ。

人生はマラソンにも近い持久戦だ。一度の勝負や出来事で人生が決まりきることなどない。ゆえに短期間の消耗戦など、挑む必要すらない。

それよりも**夢や希望など正の感情は燃費がいい。つねに自分を奮い立たせ、気持ちもよく、健康も阻害しない**。

必ず、自分を突き動かすメンタルが、「負」の感情をガソリンにしていないかを確認しながら、継続性のあるガソリンだけを取りこもう。

16

「成功体験」が闇に変わる

努力しないと不安?

最近、努力家な人が増えてきたように感じる。

テクノロジーの進化や社会の変化によって、努力することのハードルが下がってきたことも一因かもしれない。

努力は勝利や報酬以外にもさまざまな成果を生み、自己肯定感を養ってくれる。

そして、その成果を栄養として次なる目標を掲げ、また人は努力する。

素敵なサイクルだ。

このサイクルの真ん中で盆踊りでも開催して私もグルグルと回っていたい。フェスだ、フェスを始めよう。

そうした人々に「なぜあなたはそのような努力ができるのか?」と尋ねると、多くの人から「努力しないと不安だから」などの、殊勝な言葉が返ってくる。

怠惰な私としては爪のあかを煎じて飲みたい心持ちだ。なんなら家に専用のドリンクサーバーを置いて定期的に飲みたいぐらいの勢いである。

しかし、殊勝な彼らのメンタルにも、闇が巣食っていることを私は知っている。

ある女性相談者の不安

殊勝な成功者に巣食うメンタルの闇、その一例を紹介しよう。

ある日、私のSNSのDMボックスに、一人の女性から「毎日、ダイエットの経過を報告します」と、一方的ながら応援したくなるDMが届いた。

スタートから一カ月は、お菓子を食べてしまったり深夜にラーメンをすすってしまったりと散々な様子だったが、徐々にダイエットの自覚が出てきたのか、二カ月めから彼女は変わった。

具体的には、毎日会社からの帰宅時に最寄り駅の一駅前で降りて徒歩で帰り、三日に一度のランニングを始めたのである。

ダイエット開始から三カ月が経った頃、成果は出た。

身長百六十センチ、五十五キロだった彼女の体重が、突然五十一キロまでダウンしたのだ。

彼女はＤＭで「双子出産したんか？　ってぐらい身体軽いです」と冗談交じりに成功談を語ってくれた。

私も奮って褒めちぎり、喜びを共有した。よし、フェスだ、やはりフェスを開催しよう。

しかし、フェスの開催に間に合わず、事件は起きた。

毎日のランニングの距離を伸ばす生活を送っていた彼女のひざが壊れたのだ。幸いにも大きな怪我ではなかったが、ランニング中に動けなくなる程度の痛みから始まった、全治二週間の怪我だった。

彼女は残念そうに「もう一回双子出産してやろうと思ったのに。名付けてショットガン出産」と私に話した。私も「出産で銃刀法違反するんじゃありません」と、笑って返した。

ここからさらに事件が起きた。

待てど暮らせど、彼女のひざが快方に向かったという連絡が来ない。心配になり、私から彼女に連絡をとると、なんとひざを手術することになったという。

私はＤＭを眺めながら、自身のスマートフォンに向かって大手町のド真ん中で「ハイィ!?」と叫んでしまった。

どうやら彼女は、自身のひざが壊れたのにもかかわらず、ランニングを続けていたそうだ。なぜそんなバカなことを！　私は心配と少しばかりの怒気をこめて、彼女に理由を問うてみた。

彼女は答えた。

「運動しないと、体重が増えてしまうのではないかと不安で心が潰れてしまいそうだったから」

成功体験に苦しめられる

彼女はだれが見ても成功と言える成果を出した。体重五十五キロが五十一キロまでダウンした、その下がり幅そのものが成果である。

しかし、物理的な成果とは裏腹に、その成功体験は彼女のメンタルに凶悪な闇を作った。その闇こそが、「努力を続けないと悪いことが起きるのではないかと不安になる」ことだ。

これはなかなかタチの悪い闇で、人の成功体験を原資として存在している例が多い。

つまり、努力したことによる成功がいまの自分を作っており、だからこそ、努力しないなら成功はなく、いまの自分が消える。そう考えてしまう一種の強迫観念である。

この強迫観念の最たる例として「強迫症」なる病が存在する。

たとえば、手が汚れているのではないかと気になって、一日に何十回、何百回も洗ってしまう。家の鍵を閉めたか気になって、出勤途中に何度も自宅に戻って施錠の確認をしてしまう。

自分でもおかしいとわかっていても、そのことが頭から離れず、何度も同じ確認や行動を繰り返してしまう、日常生活にも影響が出る重篤な病である。

その結果、本人の健康やメンタルの正常な稼働を阻害し、最悪の場合、今回のようなケースを引き起こすこともある。

彼女は並々ならぬ努力の結果、成果とともに自己肯定感を手にした。

彼女はきっとこう思ったのだ。この成果は努力によって手に入れたものであり、裏を返せば、努力なくしてはこの成果はない。

つまり、今後も努力すれば同様に成果をつかめるが、努力しなければ元の自分に戻ってしまう。

私はこの現象を、先ほど「闇」と表現した。

「闇」と表現した理由は二つある。

一つめは、何を恐れているのかが本人にしかわからないこと、二つめは、その状態が悪化したときに表れる症状に決まった形がないこと。

これらは非常にやっかいだ。周りから本人の闇が見えないし、状態がつかめない。対処ができず、本人が異常な行動をしていても野放しになる。

彼女は怪我をしていても、その闇にとりつかれて成果を求め走り続けた。だれにも言わず、当然のように、そして自分の心に宿る不安から逃げるように。

ここまで来ると、**輝かしい成功体験も立派な呪い**だろう。

戦略で闇を祓《はら》え

じゃあどうすればいいの！　走るのを休んだら太ってしまう、走らなければメンタルが壊れてしまう！　逃げ口なんてないじゃない！

もし私が彼女であったら、そのように叫び出したくなるかもしれない。本人としてはよかれと思っての行動であっただろう。

しかし、どんな理由があろうと健康を損ねてまで得られる成果に価値などない。

それではここから、この闇を祓う手段を伝授しよう。

彼女のメンタルに巣食う闇を祓う手段は、ズバリ！「**戦略を織りこむこと**」。

では、話を整理しよう。

① 彼女は自身の成功体験により、努力、つまりランニングを継続しないと自己を保てないと考えた。
② その結果、無茶な運動を続けて、身体を壊した。
③ 彼女自身も休息の必要性を理解してはいるが、メンタルが不安に侵食されていく苦しみにさいなまれている。

以上。

整理すると、①は判断、②は結果、③は影響である。

ここでポイントになるのは、①の時点で、彼女は「努力」を「とにかくランニングを継続すること」だと考えている点だろう。

彼女の考える「努力」は、この場合、ただ走ることだけがダイエットだと狭くとらえ、自身の体調や体力を加味していなかった。だから、②のような無茶なダイエットをしてしまったわけだ。

つまり、②を引き起こす①に問題がある。

ここで、「戦略」の出番だ。


まず、「戦略」とは何か？

みんなご存じの広辞苑では、「作戦計画。戦争を全局的に運用する方法」（一部省略）と記されている。つまり戦略とは「作戦」であり、「目的達成に向け、自らを滞りなく運用する方法」なのである。


彼女に抜けていた視点は、まさにこれだ。

彼女は、戦略を持たなかったから目的達成（ダイエット成功）に向かって、最後まで自身を運用できなかった。

ここで、戦略（作戦）を決められたならば何をするだろう？　彼女に足りなかったものはなんだろうか？

それはズバリ、休息である。

そう、きっと休憩やダイエットを休む日を織りこんだはずだ。

すると、アラ不思議。戦略上取り決めた休憩やダイエット休息日を実行すると、その休憩中や休日は、「ランニングをしていない期間」から「次のランニングに向けた準備期間」に早変わりする。

怠慢によるサボりではなく、次のランニングを行うための休息という位置づけになるのだ。

これを理解すると、メンタルが傷つきにくい。なぜならば、努力をサボっていないから。

そう、これは明日のランニングをしっかり行うための休息という名の準備であり、明日のランニングをしっかり行うための休憩という作戦なのだから。

この「戦略」という考え方は、目的の達成を容易にしてくれるだけではなく、私たちのメンタルに余裕を与えてくれる。

どんなスポーツ選手もビジネスマンも、だれもが戦略を持ち、自身の肉体と精神をつねにベストに運用できるように計らっている。

私も、意図的に仕事をしない日や、日課のトレーニングを休む日をしっかり事前に決めて、戦略としている。

サボっている？　そう見える？　いいえ、これは明日の自分に必要な準備です。

第 5 章

メンタルを見極める

17

血糖値を上げると元気になる

原因不明のメンタル不調

皆さんは、甘いものはお好きだろうか？　もしくは、炭水化物の類はお好きだろうか？

私は大好きだ。米、麺、うどん等々が好きだ。愛している。

私が死んだら炭水化物を棺桶に入れてくれ。

私がそれほど炭水化物を愛しているのはさておき、これらに含まれるブドウ糖の血中含有濃度を示す数値が血糖値である。この血糖値が、メンタルの保護や安定に役立つ指標であるとご存じの方は、挙手してほしい。

私の果糖にまみれたベタベタの手しか挙がらない様子が想像できる。そんな血糖値とメンタルの結びつきを起点とした、健康ケアのお話をしたい。

だれしも、ふいにメンタルの状態が悪くなるときがあると思う。

ここでフォーカスしたいのは、その原因である。原因を探ろうにも、次のように感じたことはないだろうか。

- とくに嫌なことはないのに、気分が優れない
- 何も心配なことはないのに、不安がよぎる
- 理由はないがとにかく怖い

このように、原因がよくわからないことは多いはずだ。

メンタル不調の原因を探る際に気をつけたいのは、その原因を自身の外部だけに探そうとしないこと。

嫌いな人、やりたくない仕事、いたくない場所。

それらが原因だと勝手に決めつけていないだろうか？

何が言いたいかというと、原因はあなたの内部、さらに言えば肉体にあるかもしれないということだ。

三つの不足と大事な糖分

では、内部にあるメンタル不調の原因とはなんだろうか？

一般的にあげられるものはいくつかあるが、ここでは私が簡単にまとめた例を紹介したい。

メンタル不調を引き起こす内部要因は、大きく分けて三つある（すべての人がこれに当てはまるわけではなく、あくまで代表的な例だ）。


一つめは、睡眠不足。

これはだれもが疑うまい。よく眠れていないときほど、人間の機嫌ないしメンタルはすさむ。

深夜まで仕事をして、次の日早朝に起こされたときをイメージしてほしい。起きた瞬間は、もはや目からビーム、口から火炎放射、手からロケット砲が出せそうなほど不機嫌になるだろう。

皆さんの過去にも、そんな朝があっただろう。きっと今後もある。目からビームが出たら教えてくれ。ちょっと絵面的に気になるから。


二つめは、不自由。

これも多くの人が経験したことがあるだろう。

仕事や家事など、自分以外の都合に合わせて行動しなければいけないことはストレスになり、メンタルをむしばむ。

他人に都合に合わせるとしても、自分が納得していれば問題ない。

自分で何一つ決めることができない状況に置かれたとき、メンタルは簡単に壊れてしまうのだ。


三つめは、糖分不足。

これだ……これだ、これが今回、私が言いたいことである。

昨今、ダイエットの一つとして糖分に含まれる糖質を抜くという方法がうたわれたりと、何かとうとまれ気味な糖分。

しかし、これには大きな誤解がある。

そもそも糖質とは、炭水化物から食物繊維を除いたものの総称で、生命維持に必要な栄養素だ。

口から摂取された糖質は消化吸収を経てブドウ糖などに分解され、おもにエネルギー源として使われる。ブドウ糖は脳がエネルギーとして利用する重要な物質で、生命活動に欠かせない。

極端に言えば、**なくてはならない、むしろないと死ぬレベル。そんな大事な栄養素、それが糖質なのだ。**

そんな糖質が不足すると、重篤な問題が発生してしまう。

たとえば次のような感じだ。

・集中力が続かない
・太りやすくなる
・疲れやすくなる
・イライラする
・不安を感じる

こんなふうにして、生命活動に欠かせない糖質が不足すると、あなたの内部からメンタルの安定を阻害するのだ。

糖分の不足に対処する

先にあげたメンタル不調の原因三つのうち、軽く見られがちだが、馬鹿にできないのが糖分不足である。

実際に、落ちこんでいた気分が、甘いお菓子によって癒やされた経験を持つ人は少なくないはずだ。

では、糖分不足の対処方法について説明しよう。

糖質を含む糖分を摂取すると、血糖値が上がる。食事をしてから血糖値が上がりきるまでには、およそ三十分から一時間を要する。

そのため、自分のメンタルが荒廃していることを感じたら、糖分を摂取し、血糖値を上げるよう三十分待つだけで解消できる可能性があることになる。

糖分を、自身のメンタル状態に合わせて適切な量摂取するだけだ。

アメなどでも問題ない。ジュースなど飲み物でもＯＫだ。

私にいたっては、とくに思い当たる外的な原因がないのにメンタルが荒廃した場合、

「ああああああああああああああ！！！！」と叫びながら、勢いよく甘いものを摂取する。

だいたい三十分程度で、確かに心身ともに安らかになる。そんな経験を重ねてきた。

絶叫しながら食べる炭水化物は格別であり、追い払ったメンタルの荒廃に対しても「一昨日来やがれ!! むしろ来るなら、今後はお前が糖分おみやげに持ってこいや！ ケーキな！ 私の好みのやつな!!」という気分だ。晴れ晴れしい。

今後、**気分の落ちこみに遭遇したときには、自分に「血糖値足りてる？」と問いかけてみよう**。

足りていないなら、血糖値を上げられるものを食べると、ほかに何もせずともメンタルが回復するかもしれない。

アメ一つで解決するお手軽なメンタルケアで、怖いものなしだ。

18

「自分会議」を開催する

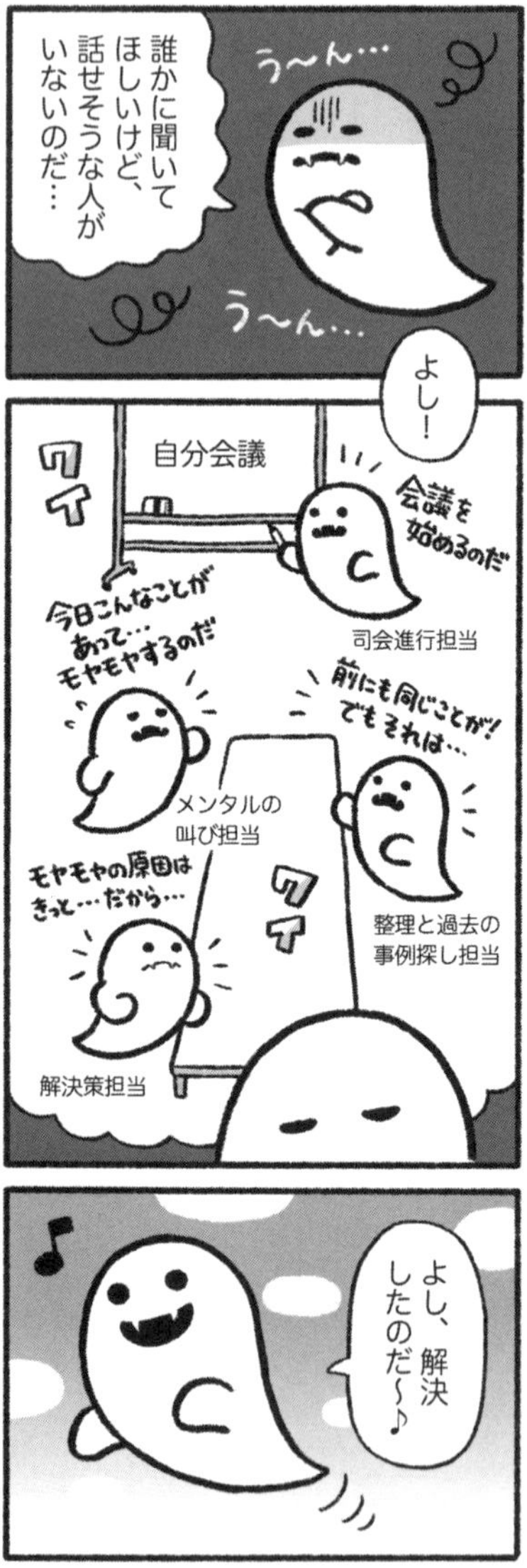

不安定なメンタルを、複数人の自分で管理する

「会議」。

この言葉を聞いて、皆さんはどのような光景を想像するだろうか？

高層ビルの窓際、眺望のよい綺麗な会議室でパリッとしたスーツに身を包んだ外国人が、スマートデバイス片手に大きなスクリーンを背景としてプレゼンする姿？

それとも、年季の入った雑居ビルにある黄ばんだ壁に四方を囲まれた会議室で、嫌味な中年たちがお茶をすすっている姿？

考えるだけでウッと気分が悪くなる。仕事なだけでも嫌なのに、何が悲しくてそんな意識高い系の会議に出たり、オッサンのお茶会に参加したりしなくてはならないのか。テーブルをひっくり返して、いますぐ帰宅したい。

私にとってはそんなイメージの悪い「会議」という言葉だが、ビジネスや他人との議論のためだけではなく、自身のメンタルのために活用すると、意外と生産的で役に立つことがある。

もちろん皆さんのメンタルの安定や幸せに資するテクニックだ。ここではそんなテクニックを伝授したい。

皆さんは、機嫌が悪いときに家族や友人に話して落ち着いた経験はあるだろうか？もしくは、インターネット上のポストや何かしらの情報に触れて、納得したり理解したりして、気持ちの整理がついたことなどは？

きっと心当たりが皆さんにもあると思う。

その本質はズバリ、**「自分の感情や思いを言語化したこと」、そして「他人の視点から意見を得たこと」。この二つが、メンタルが落ち着いた要因**である。

説明しよう。

じつは、人間というものはメンタルが不安定なとき、その原因をわかっていないことが多い。

直前に何か嫌なことがあったり、不安な未来が見えていたりするなら別だが、人のメンタルは往々にして理由が不明なまま不安定になる。

胸に手を当てて考えてみれば、だれしも思い当たる節があるだろう。日常によくある

「なんかイライラする」。あのときの感情そのものである。

そんな実体不明かつ、つかみどころもない感情は正体不明のまま、あなたを苦しめる。なにせ、わからないしつかめないし謎なのだ。それはモヤモヤするだろう。

そんなとき、他人と話し、そのモヤモヤを打ち明ける機会ができたとする。あなたは相手に話すために、そのモヤモヤして不安定なメンタルの理由や原因を言語化する。当たり前である。言語化しないと人は他人と話せないのだから。

そして、言語化するといくらかスッキリすることに気づくだろう。それは単純に、自分のモヤモヤが形のある「言語」になったことで、実態がつかめたことに由来する。

「あ、いままで感じていた気持ちは、怒りではなく寂しさだったのだ」
「このモヤモヤはいら立ちではなく、相手への期待だったのか」

という感じで。

これがわかると、自分のメンタルを不安定にしているモヤモヤの実態が、言語になって明確に自分のなかに落としこまれることになる。

そして言語化されたモヤモヤに、初めて他人の意見が入ってくる。

「そのいら立ちわかるよ!」

「それは嫌だよね、私も経験がある」

などの他人のコメントを受け取ると、言語化されたモヤモヤへの解釈に自信がつく。

そうなると人は初めて、メンタルが落ち着く。

「自分の感情や思いを言語化する」、「他人の視点から意見を得る」、この二つは、自身のメンタルに安定を与えてくれるのだ。

しかし、悩みやモヤモヤといった、あなたのメンタルを左右する問題について話せる他人(家族や友人)は、必ずしもつねにそばにいるわけではないだろう。それは当然であり、仕方ないことだ。

ここで考える必要があるのは、**他人のいない環境下で、いかにして「自分の感情や思いを言語化する」、「他人の視点から意見を得る」、この二つの恩恵を得るか?** ということだ。

それこそが、私があなたに提供するテクニックだ。

名付けて、「自分会議」を開催する、である。

「自分会議」開催の手引き

自分会議とは、頭のなかに複数人の自分を召喚して、その名の通り会議を行うことである。

やり方は、さまざまなことを頭のなかにイメージするだけでできる。

あなたの頭のなかに、次の人を用意してほしい。

・司会進行担当
・メンタルの叫び担当
・整理と過去の事例探し担当
・解決策担当

この四人が必須だ。

それでは、自分会議を始めよう。

司会進行担当
「はい、それでは第一回自分会議を始めます。初めに、メンタルの叫び担当、メンタルがいまどんな状況なのか教えてくれますか？」

メンタルの叫び担当
「はい。じつは今日、会社で上司に怒られてしまって……。ふだん仲のよい上司なのですが、あまり私には関係ないことで怒られてしまい、その場で怒り返してしまったんです。仕事が忙しかったのもあって、いろいろ限界が来てしまって……。まだ心のなかがモヤッとしています」

司会進行担当
「なるほど。それはいけませんね。それでは、整理担当。何か意見はありますか？」

整理と過去の事例探し担当
「はい。まず、怒られた内容があまり自分に関係がなかったこと、そして仕事が忙しかったことは事実です。なので、怒り返すのも無理はないと思いますが、職場

司会進行担当

解決策担当

司会進行担当
メンタルの叫び担当
司会進行担当

整理と過去の
事例探し担当

で上司に怒り返すのはよくないことも事実です。そこは反省すべき点だと思います」

「そうですね。上司に向かって社会人として非礼があったこと、そこは反省すべきでしょう。解決策担当、何か策はありますか？」

「はい。ここは、自分が忙しかったことを上司に説明しつつも、自分にはあまり関係ない内容だったことを事実として伝えた上で、非礼を詫びるべきでしょう。明日、上司にペコッとしましょう」

「なるほど。どうですか、メンタルの叫び担当？」

「はい、わかりました」

「よろしい。ですが、まだメンタルの叫び担当のモヤッとしたメンタルが解決していませんね。これはどう解釈しますか？　整理担当？」

「はい、これは以前も似たようなことがありました！どうやら、仲のよい人に怒られたりするとパニックを

司会進行担当
整理と過去の事例探し担当

司会進行担当
メンタルの叫び担当
司会進行担当
整理と過去の事例探し担当
司会進行担当

解決策担当

起こして、悲しいのに怒ってしまうようです」

「⁉　それは本当ですか？」

「はい、いまいろいろ思い返してみたのですが、過去、似たようなケースで何度も怒っています。でもそれはあとから考えると、ただパニックを起こしていただけであり、本物の怒りではないです。むしろパニックで勢いがついてしまっただけのような感じだと思います」

「なんと！　メンタルの叫び担当、どう思いますか？」

「ちょっと心当たりあります……」

「ううん、参りましたね」

「モヤッとしているのは、まだちょっとパニックが続いているのかもしれません」

「仮にそうだとした場合、どうしますか？　解決策担当？」

「はい。まずはパニックを落ち着かせましょう。次に、それを待って自分がパニックを起こしてしまったこと

司会進行担当

解決策担当

司会進行担当
メンタルの叫び担当
司会進行担当

も伝えながら、上司にしっかり非礼を詫び、事実をあわせて説明するほうがよいと思います」

「なるほど。それはよい考えですね。最終的にどう上司に話しますか？」

「まず、開口一番、怒り返してしまった非礼をしっかり詫びましょう。そして次に、当時の自分の状況と怒られた内容があまり自分に関係なかった点について事実をお伝えしましょう。最後に、あまり自分に関係ないのに怒られたことで情報が上手く処理できず、パニックになってしまったことを伝える。そんな順序でどうでしょうか？」

「どうですか、メンタルの叫び担当。できますか？」

「やってみます……」

「難しく、厳しいこととは思いますが頑張りましょう。それでは、今回の会議を終わります」

……と、いった具合である。めでたしめでたし。

会議で意識すべきこと

大事なのは、冒頭で述べたように、会議内に「自分の感情や思いを言語化する」「他人の視点から意見を得る」、この二点を盛りこむことだ。

そして、**会議のなかで出すべき結論は「不調の理由」「回復のしかた」の二つ**。

自分を細分化して複数人にすることで、意図的に他人（メンタルの叫び担当以外）を召喚する。

それはまぎれもなく自分ではあるが、それまでの自分とは別視点に立った非常に重要な存在であり、あなたに他方向からの意見や事例を与えてくれる、大事なポジションになることだろう。

このように、つねに自分のメンタルを複数人で管理するテクニックが身につけば、必ずあなたのメンタルの不調や不安定を解消することに役立ってくれるはずだ。ぜひ、試してみてほしい。

ちなみに最近の私は一日一回程度は「自分会議」を開催しており、そろそろ千回開催記念パーティーでもやろうかと思っている。

そのときは、シャンパン担当でも呼びつけてやろうと思う。

19 身体からの信号を無視しない

SNSと身体的健康の研究

人類が誕生したとき、まず心ができたのだろうか。それとも身体が先にできたのだろうか。

科学や哲学、宗教に至るまで、さまざまな側面からこの問いは考えられてきた。

しかしながら、いまだに結論は出ていない。

もしかしたら同時にできたのかもしれない。そんなことを人類は延々と考えながら、後世でも問い続けていくのだろう。

一方で、また別の問いがある。

「心と身体はつながっているか？」、もしくは「心と身体は別か？」。

じつはこの問いに対しては、結論じみた研究結果が生まれつつある。

興味深い研究結果を紹介しよう。

二〇二二年にニューヨーク州立バッファロー大学の研究者、デビッド・S・リー博士は、ソーシャルメディアの使用と身体的な健康指標との関連に関する研究結果を発表した。

従来、ソーシャルメディアの利用が「心理的幸福」とどのように関連しているかについては、多くの研究が行われてきた。

その一方で、ソーシャルメディアの利用が「身体的健康」とどのように関連しているかの研究は少ない。

そこで本研究は、「SNSの心への影響だけではなく、身体への影響も調べたよ！」、そんな感じである。


実際に、ソーシャルメディアで見たくないものや知りたくないものに触れる機会は増えた。

そうした瞬間、気分は害され、心理的な幸福は損なわれ、メンタルにダメージを受ける。だれしも経験があるはずだ。

一方、そのダメージが身体にどんな影響を及ぼしたか。

研究結果は次のとおり。

ソーシャルメディアを過度に使用した人々は、病院のお世話になった回数が多かった。

さらに採取した血液からは、不健康の警告として解釈できるタンパク質の量が多いことが確認されたのである。

つまり、ソーシャルメディアを過度にやりすぎると、もともと身体は何もダメージを受けていないのに、**メンタルへのダメージから身体を壊すことが立証された**のである。

メンタル不調のサインが身体から出る

自分の身体から出るサインに気づいたことは、だれしもあるだろう。

わかりやすい例なら、肌荒れだ。

仕事で極度のストレスにさらされ、後日、鏡のなかの自分の肌荒れに驚いた女性は多くいるのではないだろうか。肌など気にしない傾向がまだ強めな現代の男性にも、もちろんあるだろう。

だが、自分の身体から出るサインに気づけなくなってしまうこともじつは少なくない。

私を例にとれば、一時期働きすぎてまぶたが痙攣《けいれん》し、ずっとピクピクしている期間があった。

はたから見れば、会社で「おはよう！」と声をかけてくるくせに、まぶたが震えてキレている人である。

挨拶してくんなよそんなやつ。我ながら迷惑な存在だった。

しかしながら、当時の私はその自信なさげに痙攣するまぶたに対して「疲れている」と解釈せずに「なんかバグった」という、子どもでもしないような粗すぎる解釈で乗りきろうとしていた（ちなみに結果はもちろん、そのまま体調を壊した）。

皆さんのなかにも、肌荒れに始まり、顔のむくみ、女性であれば特有の臓器への影響など、自身のさまざまな体の部位が壊れていっているにもかかわらず、それに気づけなくなってしまった経験がある人は決して少なくないはずだ。

しかし、なぜこうなってしまうのか？

人間は、**自分の身体が出す信号にさえ気づかないことや、その状態が何を意味しているのか理解していないことがよくある**のだ。

身体から出るサインを見落とす理由

人が、自分の身体が発するサインを見逃してしまうのは、次の二つによって起こる。

一つは、忙しすぎて生活がすさんでしまい、自分の顔を鏡で見なくなってしまうなど、自分への興味・関心が過度に薄れてしまっている場合。

もう一つは、身体の出してくる信号を感じつつも、面倒に感じてしまい、それについて考えようともしなくなってしまう場合。

この二つにより、身体の信号に反応できず、自分をないがしろにした結果、破滅の道をたどっていく。

その一方で、「実際に血が出ているわけでもないし、殴られて健康を害されたわけでもないんだ！　大丈夫だろ！」と、気迫に満ちあふれた堂々たる発言をされる立派な方もいる。

しかし、それは間違いだ。

冒頭の研究結果を思い出してほしい。実際に物理的に殴られていなくとも、ＳＮＳを見るだけで、健康は阻害されて病院にまで通っているではないか。この事実を無視してはならない。

あなたは、血を流していないだけ。物理的に顔が腫れていないだけ。

実際はダメージを負って、健康でなくなっているかもしれないのだ。

それを必死に身体がサインにして送ってくれている。勇ましいあなたの精神に、そして本来大事にするべきあなた自身に。

そのサインを無視してはいけない。

肌荒れとあなどるなかれ、あなたの肌は地続きの一枚の皮膚であり、代えはきかない。

まぶたも同様、数えても二枚しかないぞ。スペア持ってないでしょ?

身体から出るサインへの注意の向け方

ここからはお待ちかねの対処法である。

まず、先ほどのおさらい。どんなに身体から出るサインがあったとしても、気づかなければ対処できない。

次に、気づかなければそれが何を意味するのかわからない。

この問題に対処しよう。

まず、気づくためにおすすめしたいのは「**自身との対話**」である。

毎朝、洗面台に立つ際に自分の顔を見つめてほしい。

肌荒れはないか？　むくんでいないか？　傷はないか？　血色はどうだ？

このように、自分と対話するように点検作業を行うのだ。少しでも気になるところがあれば、次の段階に移行する。

次の段階では、「**身体からのサインが何を意味するか究明する**」。これだ。

やり方はそれぞれだが、一番いいのは原因を考えることだろう。

・明らかに顔がむくんでいる

原因はきっと、昨日深夜までアルコールを飲んでいたことだ。今日は水を多めに飲もう。

・睡眠はとっているのに肌荒れがひどい

突然荒れたところを見ると、最近抱えているストレスが原因かもしれない。ストレスの根源を断てるか考えてみよう。

このように、自分の身体のサインをしっかりと確認し対策をとることが、見えないダメージへの対処になりえる。

身体から出るサインを見逃してはならない。それはあなた自身の健康管理にとって、何より重要な情報なのだから。

20 環境を見定める

今日から新しい職場だ
緊張するけどがんばろう…!
ドキドキ
…と思ったけど
やっぱりわからないことだらけで、しんどいかも…
周りの人にこう言ってみると良いのだ
ヒソ
ヒソ
早く慣れたいので、相談に乗ってもらえませんか?
あの…
もちろん

VUCAの時代とダーウィン

私のもとに届くお悩みDMのなかで、四月と十月に多いテーマがある。

それは、「新しい環境、つらいんですけどシリーズ」である。


これを読んでいる皆さんにも、身に覚えがあるだろう。

四月は新生活や新学期、新年度や新体制などのスタート時期にあたり、ルールや環境が一新されるシーズン。

そして十月はおもに社会人の配置換えや異動、あるいは転勤などの人が動くシーズンである。

これらが巻き起こす環境変化は、当事者である私たちに非常に大きな衝撃とダメージを与える。

それはそうである。環境が変われば従うべきルールや用いる手段、ふだんの心構えなど、毎日の生活に影響を及ぼすのだ。

突然、上司に「明日からメキシコに行け」と言われたら衝撃だろう。

まず、メキシコってどこだよ。なぜメキシコだよ。メキシコで私は生きていけるのか？　むしろメキシコ側は私を受け入れられるのか？　メキシコ大丈夫？　不安でいっぱいである。むしろ不安しかない。不安で眠れないどころか、不安がデカすぎて不安が添い寝してくるレベルである。

このように新しい環境は、我々に対して重篤なメンタルダメージを与えることが予想される。

そんな毎年の環境変化にさいなまれる皆さんに、生き抜くすべを授けたい。

唐突に話が大きくなるが、現在の世界を取り巻く環境の変化について触れてみたい。二〇二四年現在、世界はＶＵＣＡと呼ばれる状況に突入した。

皆さんはＶＵＣＡをご存じだろうか？　読み方はヴーカ（もしくはブーカ）。決して地方のゆるキャラではない。

ＶＵＣＡとは、Ｖｏｌａｔｉｌｌｉｔｙ（変動性）、Ｕｎｃｅｒｔａｉｎｔｙ（不確実性）、Ｃｏｍｐｌｅｘｉｔｙ（複雑性）、Ａｍｂｉｇｕｉｔｙ（あいまい性）の頭文字を取った造語で、世界全体が極めて予測困難な状況に直面しているという、二十一世紀の時代認識を指した言葉である。地方のゆるキャラどころか、世界規模の危機感を示しているのである。

そしてこのＶＵＣＡという、予測不能の変化にさらされている状況は、世界だけでなく個々の人生にも当てはまる。

そんな恐ろしい現況に立ち向かうには、二種類の方法があるとされている。

一つめは、環境変化を「無視する」こと。

これは簡単なようで難しい。

第一、環境変化が自分の人生をむしばんでいるせいで問題が起きているので、それを無視してもよいことなどないだろう。あまりいい手段には思えない。

二つめをおすすめしたい。

それは、「適応する」こと。シンプルイズベスト。まさにこれこそが私がお伝えしたい、環境変化に対するベストな解決手段だ。

この「適応する」を説明する前に、ダーウィンについて触れておきたい。

説明するまでもなく、チャールズ・ロバート・ダーウィンとは、イギリスの科学者ないし、自然科学博士である。

ダーウィンの遺した偉業のうち最たるものは、「進化論」を提唱したことだ。

これは、生物は古くから「環境適応を目的とした変化」を続けており、変化の結果、生き残ってたくさんの子どもを残すうえで有利な形質を持つ個体が、不利な形質を持つ個体を押しのけて世のなかの多数派となり、最終的に不利な形質を持つ個体が滅んできた、という理論である。

一言で言うなら「世の中で生き残るのは、時代や環境に有利な特長を持つものだけだった」という話である。

このダーウィンの進化論は、後世の科学者に大きな影響を与え、多くの科学者が研究を引き継ぎいまに至る。そしてその長く続いた研究の結果、世の中に広く知られるこの金言が生まれた。


『強い種が生き残るのではない。環境に適応し、変化できた者だけが生き残る』

これこそが、環境変化に対するベストな解決手段、「適応する」である。

自分と周囲を「適応させる」

世界で最も有名な科学者の一人であるダーウィンまで引っ張り出してきたのだから、格好よく具体的な「適応する」手段を授けたい。

ここで前提として大事なのは、人は無意識的に環境に適応しようとするものだと自覚しておくことだ。環境が変化した際、人はその環境に適応しなんとかすべく、意識せずともその環境での生き方を工夫する。

つまり、そもそも個人での適応努力はだれもが無意識にやっているのだ。

ただし、上手くいかないことも多いだろう。

それはそうだ。自分以外の多くのことがガラッと変わるのだから、そう簡単に個人の努力がすぐに結果につながることもまれだろう。

結果、適応しようとした頑張りが実った気がせず、そもそも弱っていたメンタルがさらに痛めつけられていく。

そんなタイミングでこの手段の出番だ。

「周りを適応させる」

説明しよう。

だれもが環境変化のなかでは、ひっ迫する状況、狭まった視野、焦り出す心境を背負って自分一人で解決しようとする。

それが間違いなのである。

そもそも、何度も言うが、環境変化とは自分以外がガラッと変化する。

自分以外に信じられるものが少なく、孤立無援の状態に近く感じるからメンタルに支障をきたすのだ。

そこで、自分以外である周りに適応してもらう。

たとえば、新天地に配属が決まり、右も左もわからない場所で働くことになったとしよう。

その場合、**周囲の人々に積極的に話しかけ、助けてほしいとお願いする**のだ。

具体的には、「じつはまだこの勤務地に来たばかりでわからないことが非常に多く、毎日つらく感じてしまっている。仕事は頑張りたいと思っているので、迷惑をかけるかもしれないがぜひ相談に乗ってくれないか?」などと明言するのだ。

そして忘れてはならないのがさらに一言、必ずこう言うことだ。

「早く慣れたいと思っているので、必要なものややったほうがいいことがあれば教えてほしい」


これらのメッセージにはいくつかの効果がある。

まず、周りに対して自身が困っていること、危機に陥っていることをアピールすることで、周りからの自身に対する期待値が下がる。

次に、前向きに適応したい意思を示すことで、そこで過ごすために必要なことを積極的に教えようという意識が周囲の人に生まれる。

結果的に、周りにいい意味で期待されず、そして周りが自身の適応を支援してくれる環境が生まれる。


自身が適応しようとする行動に加え、周りまでも巻きこむのだ。

今後だれもがＶＵＣＡに苦しむ世界になるだろう。日々の変化のスピードに圧倒されることもあるかもしれない。メンタルにダメージを負い、耐えられないときもあるかもしれない。
でも、その際に思い出してほしい。
自分自身がつねに強くある必要はないのだ。
適応さえできれば淘汰《とうた》されない。
どうか頑張ってくれ。成果はダーウィンと私が保証しよう。

おわりに

光陰矢《こういんや》の如《ごと》し。これほどまでに納得感のある言葉が存在するだろうか。日々の過ぎ去る速度は、どうやら大人になると加速度的に増していくようだ。きっとこれまでもそう、これからもそう、ずっとそうなのだろう。

現実世界では都内の会社員、ＳＮＳの世界ではインフルエンサー・おばけ３号である私は、あわただしすぎる毎日の中で、そんなことを考えることが多くなっていた。

もはや矢よりも早く過ぎ去るのではないかと錯覚するほどこの限りある時間を、少しでも味わいたい、実のあるものにしたい。

人並みにそんなことを希望する思いが強く出始めたアラサー突入直後の私は、自身の自由時間を確保するために、おばけ３号としての活動を終わらせる算段を思案し始めていた。

その時、すでに二〇二三年四月。前作にあたる書籍を出版してから二年以上が経過していた。

「桜は賢い。飽きられる前に散る」

私が尊敬する作家の一人が、そんなことを書いていた。

惜しまれながらいなくなることは、去り際に目指すべき美徳の最たるものだと思う。

ありがたいことに当時、執筆など何かしらの書き物の依頼は絶えずいただけていた。

しかし、その時のやる気や執筆時の制約の大小だけを気にして、大した基準もなく企画案をやるやらないの判断を下していた不良作家もどきの私である。

終わり方ぐらいこだわりたいものだ。

そんな思いを巡らせるなか、アルファポリス社からＷｅｂコラム連載や書籍化の話をいただけた。

「人々に、あなたのメンタルコントロールの術《すべ》は求められている」

そう告げられた私は、もう少しだけ、不良作家でい続ける決断を下した。

求められていることに応えたい、そういった使命感が生まれたことが理由だった。

私は、桜ほど賢くはなれない。

さて、この書籍のテーマであるメンタルを語る私だが、その私のメンタルは、幼少期から貧弱だったと思う。よく言えば感受性が豊かで、人の言動からよくも悪くも必ず何かしらの影響を受ける、今とは似ても似つかない、繊細なメンタルを持った幼少期だった。だれかが何かを好めば私も好み、嫌えば嫌う。小学生のときに友達に言われたショックな悪口をずっと引きずりながら、好きな女の子に言われた褒め言葉を石炭のように小出しにして燃やしながら毎日を生きる。実はそんな繊細なメンタルの持ち主だった。

しかしある日、私は一つの事実に気づいた。
それは「メンタルは健全なほうが、人生は楽しい」という事実。
よく考えれば当たり前である。

本書で紹介しているテクニックやコツはすべて、どうやって自身のメンタルを健全かつ自身に対して有益な状態に置くか、といった論点に資する取り組み案の例示である。
そのテクニックやコツは、もとを正せば「メンタルをコントロールすれば人生は幸せ」

……という基本思想に基づく。

逆に言うなら、人生を幸せに過ごすためには、メンタルのコントロールは必須。

その必要性に駆られた、「幸せになりたい！」というだれもが持ち得る願望。その願望に対して素直に生きるために、必死にメンタルを日々コントロールしてきたに過ぎないのである。

何も難しいことはしていない。特別なこともしていない。

幸せになるために、私は自分に素直に、メンタルのコントロール手法を追求した。

幸せになりたい、その子どものように素直な願いが私のメンタルを強くしてくれたのである。

この本を読んでくれる人は、現役の社会人として働く、職場やさまざまなコミュニティーで人との関わり合いが発生する人が多くなると聞いている。言ってしまえば、今が人生のふんばりどころである人や、自分や社会、ひいては日本の未来に投資する時間にある人もきっと多いのではないだろうか。

きっとそんな生活のなかでは､だれもがつらいことや苦しいことに悩まされるだろう。

そして濁流のように精神を削り、揺らし、壊すような出来事のオンパレードなのだろう。

そのなかで、どうか思い出してほしい。

「幸せになりたい」という、絶対的な願いを。

きっとそれが本書に書いてあるメンタルケアやメンタルコントロールの手段の効果を何倍にも高めてくれる原動力になるはずだから。


最後に。

改めてお礼を申し上げたいと思います。

本書を最後まで読んでくださった皆さま、本当にありがとうございました。

さらに書籍化のチャンスをくださった関係者の方々にも、心からのお礼を申し上げます。

皆さまのご支援のおかげで、おばけ3号は本書を発売することができました。

この本は、メンタルケアやメンタルコントロールの方法を授けることを目的としています。

複雑な人間社会や環境に悩む方々へ、どうかこの本が届きますように。

そして、どうか今後この本とおばけ3号が皆さんの人生に少しでも笑顔を増やすことができれば幸いです。

――みんな、おばけメンタル！　忘れないでね！

二〇二四年九月某日　おばけ3号

パタン…
人生がおばけメンタル
悩まなくなる!
よしっ
私もできそうなことから
やってみるぞ!
そっ…
まず一歩踏み出すのがおばけメンタルへの道なのだ!
またどこかで会うのだ〜
!!

【著者紹介】

おばけ3号（おばけさんごう）

1990年生まれ。作家・コラムニスト＆インフルエンサー。

都内のコンサルティング会社に勤務する現役のコンサルタントでもあり、X（旧Twitter・@ghost03type）で日常の愉快な話や、人々や社会とのコミュニケーションの関わり合いの手法を発信。

聡明かつ鋭い視点と分析力に富んだ意見で人気を集め、フォロワー数は10万人を超える。

著書に『「お話上手さん」が考えていること 会話ストレスがなくなる10のコツ』（KADOKAWA）がある。

この作品に対する皆様のご意見・ご感想をお待ちしております。

おハガキ・お手紙は以下の宛先にお送りください。

【宛先】

〒 150-6019 東京都渋谷区恵比寿 4-20-3 恵比寿ｶﾞｰﾃﾞﾝﾌﾟﾚｲｽﾀﾜｰ 19F
（株）アルファポリス　書籍感想係

メールフォームでのご意見・ご感想は右のＱＲコードから、
あるいは以下のワードで検索をかけてください。

アルファポリス　書籍の感想　検索

ご感想はこちらから

本書は Web サイト「アルファポリス」（https://www.alphapolis.co.jp/）で連載したものを、
改題、改稿、加筆のうえ、書籍化したものです。

あなたの人生《じんせい》が思《おも》い通《どお》りになる　おばけメンタル

おばけ３号（おばけさんごう）

2024年11月5日初版発行

編集－佐藤晶深・芦田尚
編集長－太田鉄平
発行者－梶本雄介
発行所－株式会社アルファポリス
〒150-6019 東京都渋谷区恵比寿4-20-3 恵比寿ｶﾞｰﾃﾞﾝﾌﾟﾚｲｽﾀﾜｰ19F
TEL 03-6277-1601（営業）　03-6277-1602（編集）
URL https://www.alphapolis.co.jp/
発売元－株式会社星雲社（共同出版社・流通責任出版社）
〒112-0005 東京都文京区水道1-3-30
TEL 03-3868-3275
マンガ・イラスト－松本麻希
装丁デザイン－藤塚尚子（ｅｔｏｋｕｍｉ）
本文デザイン－AFTERGLOW
印刷－中央精版印刷株式会社

価格はカバーに表示されてあります。

落丁乱丁の場合はアルファポリスまでご連絡ください。

送料は小社負担でお取り替えします。


ISBN978-4-434-34713-9 C0095